DER BODENSEERAUM IN DER ANTIKE

LEBEN UND ALLTAG VOR 1800 JAHREN

Studienversion ohne Abbildungen,
der an der Universität Basel erarbeiteten ersten Version von 2008

ARCHÄOLOGIE UND GESCHICHTE FÜR TOURISTEN UND EINHEIMISCHE

Titelblatt
Entwurf Eric Breuer

Das vorliegende Manuskript wurde bereits 2008 am Institut für Ur-und Frühgeschichtliche und Provinzialrömische Archäologie der Universität Basel (CH) verfasst und im Jahre 2012 verschiedenen Institutionen und Privatpersonen des Bodenseeraums vorgestellt.
Allen an diesem Projekt beteiligten Personen und Institutionen gebührt besonderer Dank.

Bibliografische Information der Deutschen Nationalbibliothek: Die deutsche Nationalbibliothek verzeichnet diese Publikation in der Deutschen Nationalbibliografie; detaillierte bibliografische Daten sind im Internet über http://dnb.dnb.de abrufbar.

Verlag: BoD · Books on Demand GmbH, Überseering 33, 22297 Hamburg, bod@bod.de
Druck: Libri Plureos GmbH, Friedensallee 273, 22763 Hamburg

Die Deutsche Bibliothek - CIP-Einheitsaufnahme

Breuer, Eric:
Der Bodenseeraum in der Antike. Leben und Alltag vor 1800 Jahren / Eric Breuer. – Taschenbuchversion ohne die zugehörigen Abbildungen, der an der Universität Basel erarbeiteten Version von 2008.
: Basel 2026

ISBN 978-3-7568-3204-0

1 Forschungsgeschichte
- 1.1 Warum wir heute nicht von antiken Tempeln umgeben sind · 5
- 1.2 Eine kurze Forschungsgeschichte · 6

2 Geschichte
- 2.1 Archäologische Funde der Vorgeschichte im Bodenseeraum · 7
- 2.2 Kelten - Gallier – Galater – Eine mediterrane Randkultur · 8
- 2.3 Wie mediterrane Kultur in den Bodenseeraum gelangte · 9
- 2.4 Römische Verwahrfunde der Region · 10
- 2.5 Ende der Antike und Nachleben · 11
- 2.6 Alamannen im spätantiken Bodenseeraum · 12

3 Geographie
- 3.1 Antike Geographie der Region · 13
- 3.2 Bregenz – Brigantium – Die „Haupt"-stadt des Bodenseeraumes · 14
- 3.3 Arbon - Arbor felix – Von der Kaiserzeit bis zur Spätantike · 15
- 3.4 Konstanz – Constantia – Vom namenlosen vicus zur „Kaiser"-Stadt · 16
- 3.5 Eschenz – Tasgaetium – Von hölzernen Latrinen und Göttern auf Abwegen · 17
- 3.6 Orsingen – Ein Tempel und seine Wurzeln · 18
- 3.7 Eriskirch – Von Flusshäfen, Brücken und Strassen · 19
- 3.8 Leben zwischen Vulkanen –Westlicher Bodenseeraum · 20
- 3.9 Von der Sonne verwöhnt – Östlicher Bodenseeraum · 21

4 Architektur
- 4.1 Aussehen römischer Gebäude · 22
- 4.2 Innenausstattung römischer villae rusticae · 23
- 4.3 Mediterrane Thermentechnik am Bodensee · 24

5 Leben und Alltag
- 5.1 Alltag am römischen Bodensee · 25
- 5.2 Mentalität und Wertesystem der Antike · 26
- 5.3 Zeitvertreib kleiner Römer · 27
- 5.4 Mode, Kleidung und Schmuck vor 1750 Jahren am römischen Bodensee · 28

6 Verkehr
- 6.1 Verkehr auf römischen Strassen · 29
- 6.2 Schiffahrt am Bodensee in römischer Zeit · 30
- 6.3 Transport und Lagerung in der Antike · 31

7 Ökonomie
- 7.1 Römisches Geldwesen · 32

8 Essen
- 8.1 Speisenzubereitung vor fast 2000 Jahren · 33
- 8.2 Antike Tisch- und Speisesitten · 34
- 8.3 Antikes Geschirr vom Bodensee · 35

9 Tod und Religion
- 9.1 Religion und Göttervorstellungen der Antike · 36
- 9.2 Antike Nekropolen · 37

10 Anhang
- 10.1 Literatur · 38-40

Verschwundene Zeugnisse der Antike

Warum wir heute nicht von antiken Tempeln umgeben sind...

Wer als Tourist die Mittelmeerregion bereist, steht staunend vor den Zeugnissen der klassischen Antike. Ausgrabungs- und Ruinenstätten zeugen vom Glanz vergangener Zeiten. Der Besucher kann unter anderem klassisch griechische, hellenistische oder römische Podiumstempel besichtigen, sich antike Thermenanlagen ansehen oder ganze Stadtanlagen durchwandern. Auch wenn oftmals nur noch wenige Säulenschäfte in den zu grossen Teilen erdbebengefährdeten Mittelmeerländern aufrecht stehen oder grosse Teile der Baustruktur erst in jüngerer Zeit wiederhergestellt und restauriert wurden: Die Spuren des klassischen Altertums ziehen bis heute Besucher an und sind beliebte Ausflugsziele für kulturinteressierte Urlauber. Wenig beachtet ist jedoch der Umstand, dass auch unsere Region Teil dieser klassischen Welt der Antike war. Denn mit der Eingliederung in das Imperium der Römer hielt auch mediterrane Lebenswelt Einzug am Bodensee. Auch in unserem Raum gab es antike Tempel, Thermen und stadtartige Siedlungen. Selbst auf abgeschiedenen landwirtschaftlichen Anwesen des antiken Bodenseeraums existierten kleine Thermenanlagen und die Innenhöfe mögen in so manchem Fall eher einem hellenistischen Peristylhof des Südens geglichen haben, als dem heutiger traditioneller alemannischer Bauernhöfe. Alle diese Zeugen der Antike sind heutzutage in unserer Region verschwunden. Selbst an Geschichte interessierte Fachleute können im Bodenseeraum kaum touristisch interessante Bauten aus der Zeit der Antike benennen. Doch warum sind wir heute nicht von imposanten antiken Ruinen und klassischen Podiumstempeln umgeben?

Nach dem Ende römischer Verwaltungshoheit wurde der Bodenseeraum von Alamannen besiedelt. Im Laufe der Zeit verfielen die nicht genutzten antiken Gebäude immer mehr. Flurnamen wie „Mauern" oder „Weiler" bezeugen, dass bis weit ins Mittelalter von diesen antiken Gebäuden noch aufrecht stehende Mauern vorhanden waren. Die im tektonisch aktiven Bodenseeraum mit seinen Hegauvulkanen periodisch auftretenden Erdbeben dürften so manches baufällige Gemäuer zu Einsturz gebracht haben. Im Mittelalter und in der Neuzeit war gutes Baumaterial für Häuser rar. Deshalb verkaufte man in der Region bis ins 19. Jahrhundert sogar verfallene mittelalterliche Burgen zum Abbruch, um die Bausteine wiederzuverwerten. Auch die römischen Ruinen wurden zu diesem Zweck bis auf die Grundmauern abgetragen. Die Mauerstümpfe wurden, da schwierig zu beackern, von Pflanzen überwuchert, so dass sie bald unter einer Pflanzen- und Humusdecke nicht mehr im Gelände sichtbar waren.

Da breiten Schichten der hiesigen Bevölkerung kaum etwas darüber bekannt ist, wird in diesem kleinen Büchlein ein kleiner Einblick in die Lebenswelt am Bodensee in der Zeit der klassischen Antike gegeben. Der Leser, sei er nun Tourist oder Einheimischer, wird mit den römischen Altertümern des Bodenseeraumes vertraut gemacht. Durch historisch-archäologische Erläuterungen zu den antiken Funden, erklärende Skizzen und kulturhistorischen Zwischenbemerkungen erhält er anhand ausgewählter Lebensbereiche schlaglichtartig Einblicke in Alltag, Lebensweise und Mentalität der Bewohner des Bodenseeraumes vor nahezu 2000 Jahren.

Pioniere und Enthusiasten von der Renaissance bis heute ...

Eine kurze Forschungsgeschichte

Die Beschäftigung mit römischen Altertümern geht im Bodenseeraum bis in die Zeit der Renaissance zurück. Angeregt durch die beginnende Erforschung des Altertums im Mittelmeerraum, hätten es die neuen bürgerlichen Eliten der aufstrebenden Städte des Bodenseeraumes nicht ungern gesehen, wenn die Wurzeln ihrer Orte bis in die Antike zurückreichen würden. So versuchte man gleichzuziehen, indem man mit viel Phantasie durch Interpretation der Ortsnamen eine Entstehung in der Antike postulierte. Für das Jahr 1490 ist eine erste Grabung im Bereich des spätantiken Kastells Vemania durch Bürger der nahen Stadt Isny überliefert. Eine der frühesten Ausgrabungen am Bodensee fand im Jahr 1686 in der Nähe von Bodman statt. Hierbei wurden die hypokaustierten Räume eines römischen Bades freigelegt. Die für die Ausgräber fremdartige Fussbodenheizung führte jedoch dazu, dass der ganze Komplex fälschlich als Schmelzofen für Metall interpretiert wurde.

Im 19. Jahrhundert wurden viele Geschichtsvereine gegründet, welche begannen die römischen Hinterlassenschaften systematisch zu erforschen. Lokale Sammlungen und Museen entstanden selbst in kleinen Orten. Herausragende Einzelpersönlichkeiten, wie Samuel Jenny (1837-1901) in Bregenz oder Bernhard Schenk (1833-1893) in Eschenz trieben Ausgrabungen systematisch voran und deckten eine Vielzahl antiker Gebäude auf. Ein Höhepunkt der Bemühungen stellte die Gründung des Vereins zur Erforschung der Geschichte des Bodenseeraumes in der zweiten Hälfte des 19. Jahrhunderts dar.

In der ersten Hälfte des 19. Jahrhunderts versuchte man noch über die heutigen Ortsnamen römische Orte zu identifizieren. Klang der Name eines Ortes verdächtig romanisch oder hatte er gar Ähnlichkeit mit einem antiken Namen, so wurde eine Gleichsetzung postuliert.

In der zweiten Hälfte des 19. Jahrhunderts analysierten der Pfarrer Konrad Miller, der Kartograph Eduard Paulus und sein gleichnamiger Sohn Flurnamen der Regio, da sie annahmen, dass alte Gewannbezeichnungen, wie „Niederweiler" in Langenargen oder "Mauren" in Eriskirch, die auf Ruinen oder Siedlungen deuten, Hinweise auf eine vormalige römische Besiedlung sein könnten. Sie bereisten das Land und erkundigten sich überall bei der Landbevölkerung nach Flurnamen und Mauerresten in den Äckern und suchten dort nach Altertümern.

Durch den modernen Verwaltungsstaat mit seinen strengen Zuständigkeiten, wurden im 20. Jahrhundert derartige private Nachforschungen stark zurückgedrängt. Die Archäologie des Raumes war institutionalisiert. Während sich vormals zumeist Privatleute und Geschichtsvereine engagierten, wurde die Archäologie nunmehr zur staatlichen Aufgabe, die an das Budget eines bestimmten Departements gebunden war und auch nicht darüber hinaus ging, besonders wenn die zuständige Stelle in weiter Entfernung vom Bodensee lag.

Trotzdem gibt es auch weiterhin einzelne herausragende Persönlichkeiten, die sich besonders für die Archäologie bestimmter herausragender Orte engagieren, wie Alfons Diener in Eschenz, Harry Kleiner in Eriskirch, Ulrich Paret in Friedrichshafen und Dr. D. Wollheim in Orsingen.

Spuren früher Zeiten ...

Archäologische Funde der Vorgeschichte im Bodenseeraum

Obwohl schon zu allen Zeiten Spuren früherer Generationen zufällig oder bewusst freigelegt wurden, begann erst im 19. Jahrhundert die wissenschaftliche Erforschung der schriftlosen „Vor-"Zeiten durch systematische Analyse ihrer materiellen Hinterlassenschaften. Dem dänischen Forscher Christian Thomsen (1788-1865) wird die grundlegende, auch heute noch gültige chronologische Einteilung dieser Vor-Geschichte zugeschrieben. Während der Betreuung der Kopenhagener Museumssammlung war ihm aufgefallen, dass die ältesten menschlichen Artefakte aus Stein waren, während Gegenstände aus Bronze erst später aufkamen und solche aus Eisen noch jünger sein mussten. Hieraus leitete er eine zeitliche Dreiteilung in Stein-, Bronze- und Eisenzeit ab. In der Folge wurde das System weiter untergliedert und verfeinert, wobei sowohl Ortsnamen wichtiger Fundorte und typische Sachgruppen als auch für eine Zeit markante Bestattungssitten zur Benennung zeitlicher Stufen verwendet wurden. So wird zum Beispiel die Eisenzeit nach den Fundorten Hallstatt im Salzkammergut und La Tène am Neuenburger See weiter in Hallstattzeit und Latènezeit untergliedert, während die Stufe davor aufgrund der damals vorherrschenden Bestattungssitte Urnenfelderzeit genannt wird. Da der Bodenseeraum zu einer klassischen Altsiedellandschaft zählt, die zu allen Zeiten die Menschen anzog, sind aus allen archäologischen Epochen Funde auf uns gekommen. Besonders aus dem Neolithikum, der Bronze- und der Hallstattzeit sind zahlreiche menschliche Artefakte bekannt geworden. Wesentlich spärlicher vertreten ist die der römischen Kaiserzeit vorangehende Spätlatènezeit.

Spätlatènezeitliche Münzen stammen beispielsweise aus Achberg und Tettnang, ein Hortfund gleichen Alters mit sechs eisernen Spitzbarren aus Bodnegg-Oberaich (RV). Im Lauteracher Ried nahe Bregenz wurde 1880 beim Torfstechen ein Schatz aus derselben Zeit mit zwei Fibeln, Ringen sowie keltischen und republikanischen römischen Münzen entdeckt. Welche Völker hinter den Funden der Stein- und Bronzezeit stehen, wie sie sich selber nannten sowie wesentliche Teile ihrer immateriellen Kultur wird man wohl nie mehr erschliessen können. Anders verhält es sich mit jenen Zeiten, aus denen wir bereits vereinzelte Nachrichten von griechischen und römischen Schriftstellern besitzen. Einige mediterrane Autoren berichten auch über die Völker des Nordens. Auf einer Inschrift des „Trophaium Alpium", eines Siegesdenkmales der Römer, dessen Überreste in Südfrankreich entdeckt wurden, sind die Namen der Stämme vermerkt, die bei der Besetzung des Alpen- und Voralpenlandes unterworfen wurden. Nach den antiken Schriftquellen siedelten zur Zeit der römischen Okkupation Kelten am Bodensee. Im Bodenseeraum ist mit keltischen Vindelikern, Brigantiern oder Helvetiern zu rechnen. Nicht auszuschliessen ist, dass das Alpenvolk der Räter seinen Siedlungsraum über den Alpenrhein bis in die Nähe des südlichen Bodensees vorgeschoben hatte. Aus archäologischer Sicht ist die Besiedlung des Bodenseeraumes in der Zeit kurz vor der römischen Besetzung nur schwer zu fassen und jene Bevölkerung, auf welche die Römer bei der Besetzung des Bodenseeraumes stiessen, ist kaum archäologisch nachweisbar.

Kelten - Gallier - Galater

Eine mediterrane Randkultur

Bei griechischen Schriftstellern finden sich die ersten Informationen zu den Kelten, die in antiken Quellen auch Gallier genannt werden. Die hellenistischen Geographen berichten, der Ursprung der Kelten liege im Bereich der Donauquellen. Im Bereich des Bodensees lebten vermutlich die keltischen Stämme der Helvetier und Vindeliker. Im dritten Jahrhundert v. Chr. kommt es zu ausgedehnten Wanderungen keltischer Stämme, in deren Verlauf sie nach Italien, Spanien, Griechenland und Kleinasien vordringen. Die lateinische geographische Bezeichnung *Gallia cisalpina* für Norditalien geht auf die Bevölkerungsbewegungen dieser Zeit ebenso zurück, wie der Name der römischen Provinz Galicia in Spanien und jener römischen Provinz Galatia in Kleinasien. Im Zuge dieser weit ausgedehnten Expansion, die die Kelten bis vor die Tore des griechischen Heiligtums von Delphi führt, kommen die keltischen Stämme auch in intensiven Kontakt mit der griechisch-hellenistischen Kultur. Schon seit dem 7. Jahrhundert vor Christus, lange vor Beginn dieser Wanderungsbewegungen, führt eine wichtige Handelsroute von der griechischen Stadt Massalia, dem heutigen Marseille in Südfrankreich, die Rhone aufwärts in unsere Region. Über diese Route gelangten griechische Waren, wie griechische Amphoren mit Wein, klassische griechische, mit Darstellungen des Alltagslebens und mythologischen Szenen bemalte Vasen, griechische Möbel mit Schnitzereien aus Bein, gegossene Bronzegefässe und andere Luxusgegenstände in den Bodenseeraum und weiter bis zu den keltischen Fürstensitzen an die Donau. Von Nicaia (Nizza) über Antipolis (Antibes), Monoikos (Monaco), Agathe (Agde) bis nach Emporion (Ampurias) lagen an der Küste des heute katalanischen und südfranzösischen Mittelmeerufers zahlreiche griechische Hafenstädte. Diese Koloniestädte, die meist von Phokaia oder Archaia aus gegründet worden waren, gründen ihrerseits im Rhonetal weitere Handelsstationen, wie Rodanousia, Heraclea oder Theline und treiben mit dem keltischen Hinterland regen Handel, wobei sie den Lebensstil ihrer gallischen Nachbarn nachhaltig beeinflussen. In der Folge übernehmen die Kelten die griechische Schrift und verwenden sie für Inschriften und andere Aufzeichnungen. Im Bereich der Fürstensitze werden lebensgrosse Portraitstatuen nach griechisch-hellenistischem Vorbild geschaffen. Für den Geldverkehr verwendet man griechische Münznominale, wobei bevorzugt Prägungen des Makedonenkönigs Phillipp II. nachgeprägt und die Münzbilder immer stärker abstrahiert werden. Auf ihren Wanderungen lernen die Kelten auch die griechisch-hellenistische Baukunst kennen. Die Lehmziegelmauer der Heuneburg an der Donau wird oft als Beispiel für mediterrane Bauformen nördlich der Alpen angeführt, doch auch die Entwicklung der gallo-römischen Umgangstempel ist ohne Vorbildfunktion griechisch-hellenistischer Tempelarchitektur nicht denkbar. Ab dem Beginn des zweiten vorchristlichen Jahrhunderts geraten die Kelten zunehmend unter den Einfluss einer anderen Kultur, die wie keine andere Anregungen aus dem griechisch-hellenistischem Kulturraum in Philosophie, Literatur, Architektur und Lebensweise aufnimmt und an die von ihm unterworfenen Völker weitervergibt:
Die Römer...

„Vorwärtsverteidigung" und Grossmachtstreben ...

Wie mediterrane Kultur in den Bodenseeraum gelangte

Nachdem schon von Caesar grosse Teile des heutigen Frankreichs unterworfen worden waren, versucht das römische Reich eine Generation später unter der Herrschaft des Augustus (27 v. Chr. –14 n. Chr.) seine Macht weiter nach Norden und Nordosten auszudehnen. Um eine von Augustus geplante Provinz „Germania magna" im Norden einrichten zu können, mussten schon aus strategischen Gründen zusätzlich das südlich davon gelegene Alpen- und Voralpenland besetzt werden. Auch der Bodenseeraum und seine Umgebung gelangen 15 v. Christus unter römische Herrschaft, als die Römer im Zuge eines grossangelegten Feldzuges das Voralpenland mit der Bodenseeregion besetzen. Mit mehreren Heeresverbänden unter der Führung der Stiefsöhne des Augustus Tiberius und Drusus wird der Widerstand der einheimischen Bevölkerung gebrochen. Der Dichter Horaz spricht wohl übertreibend in diesem Zusammenhang von einem „grave proelium". Andere römische Autoren erwähnen eine Schlacht auf dem Bodensee. Tiberius habe dabei seinen Kommandostand auf einer der Inseln des Bodensees errichtet. Inwieweit hier tatsächliche historische Ereignisse geschildert werden, ist jedoch unklar. Möglicherweise sollten derartige Schilderungen nur dazu dienen, die Leistung des römischen Heeres und seiner Feldherren grösser erscheinen zu lassen. Nachdem die Römer das Land besetzt hatten, gingen sie bei der Erschliessung sehr systematisch vor. Um den Widerstand der einheimischen Bevölkerung zu brechen, wurde ein Teil der männlichen Bevölkerung deportiert und fern der Heimat als römische Hilfstruppen eingesetzt. Zur Erschliessung des Landes bauen die Römer Strassen und Brücken. An strategisch oder verkehrsgeographisch wichtigen Punkten werden Kleinkastelle und Versorgungsbasen eingerichtet. Grössere Truppenlager entstehen an besonders wichtigen Punkten. Entlang der neuen Grenze zu nicht besetzten Gebieten errichtet man einen Verbindungsweg („Limes" genannt). Später wird diese Grenze an der Donau durch Lager gesichert. In den siebziger Jahren des ersten Jahrhunderts wird das Dekumatland in dieses Sicherungssystem mit einbezogen. Zwischen 90 und 115 n. Chr. schieben die Römer die Grenze noch weiter nach Norden vor und errichten neue Sicherungslinien. Das besetzte Land wird der heimischen Bevölkerung weggenommen und vermessen. Die Parzellen überlässt man unter anderem ehemaligen römischen Soldaten nach deren Ausscheiden aus dem Dienst oder verkauft sie an interessierte römische Bürger. Der einheimischen Bevölkerung, sofern sie nicht deportiert oder ermordet wurde, bleiben vor allem die siedlungsungünstigen, wertlosen Gebiete. Wohl erst unter Kaiser Claudius (41–54 n. Chr.) wird auf dem Gebiet des Voralpenlandes die römische Provinz Raetien eingerichtet. Unter diesem Kaiser setzt ein sehr massiver Landesausbau in der neuen Provinz ein. Neue Strassen und Brücken werden errichtet. Bedingt durch die Kaufkraft der besoldeten Soldaten, entwickelt sich schnell eine Infrastruktur zur Befriedigung ihrer Bedürfnisse. Obwohl sich durch das Vorschieben der Grenze über die Donau hinaus weiter nach Norden die Siedlungsdynamik etwas abschwächt, prosperisiert der Bodenseeraum bis zum ersten Drittel des 3. Jahrhunderts.

Zeugen unruhiger Zeiten ...

Römische Verwahrfunde der Region

Im September 1933 stiess der Landwirt Josef Breg 100 m nördlich des Weilers Rembrechts (Gemeinde Haslach, Landkreis Ravensburg) beim Setzen von Hopfenstangen in 10-20 cm Tiefe auf einen zusammengebackenen Metallklumpen aus Münzen und Schmuck. Der Finder verkaufte einen Teil der Funde an einen Pfarrer der Umgebung, von dem ein Museum in Stuttgart die Stücke erwarb. Weil der Bauer den Schatz unter Wert verkaufte, konnte er sich vom Erlös allerdings nur einen neuen Frack leisten. Der Schatzfund von Rembrechts enthielt mindestens 82 Silbermünzen, römische Denare und sechs grosse Bronzemünzen. An Schmuck fanden sich zwei Armreifen, drei Halsketten, zwei Doppelringe, ein einfacher Fingerring, zwei Drahtringe, lunulaförmige Anhänger, zwei Zierscheiben, eine Omegafibel, das Fragment einer Scheibenfibel, drei Bronzeringe und zwei Glasperlen. Die jüngste der Münzen kann in das Jahr 230 n. Chr. datiert werden. Der Fund von Rembrechts ist nicht der einzige seiner Art. Römische Verwahrfunde können die kuriosesten Dinge enthalten. Neben vergrabenen Münzen oder Schmuck gibt es auch Horte mit ganzen Ensembles von eisernen Ackergeräten oder Waffendepots mit Dolchen und Schwertern. Münzen und Schmuck enthielten beispielsweise die Schatzfunde von Rembrechts (RV), Wiggensbach (KE) und Rettenberg-Freidorf (OA). Weitere Schatzfunde, die vergleichbaren antiken Schmuck wohlhabender Römerinnen enthielten, stammen beispielsweise aus dem Badegebäude einer römischen *villa rustica* bei Lunnern-Obfelden (Kt. Zürich) oder aus dem Landkreis Sigmaringen. Doch was brachte die einstigen Besitzer dazu, ihre Habe einfach zu vergraben? In einer Zeit, in der es keine Sparkonten oder Banksafes gab, bewahrte die normale Bevölkerung ihre wertvolle Habe zu Hause auf. Damit sie nicht einfach gestohlen wurde, verschloss man sie in schweren Truhen oder versteckte sie irgendwo unter Bodendielen oder in nicht sichtbaren Hohlräumen im Mauerwerk des eigenen Hauses, wie dies vermutlich beim Münzfund von Büsslingen der Fall war, der im Hauptgebäude der römischen villa gefunden wurde.. Selbst in der Zeit der „pax romana", einer imperiumsweit währenden Friedenszeit, war man jedoch vor dem Durchmarsch fremder Heerscharen und Überfällen fremder barbarischer Völker nicht völlig sicher. War erst einmal die römische Reichsgrenze überwunden, konnten fremde Truppen ungehindert das Land plündern und brandschatzen. In so einem Fall floh die Landbevölkerung zunächst einmal in die nahen Wälder, unzugängliche Gebiete oder befestigte Städte und Militärstationen. Wertvolle Habe wurde, wenn sie bei der Flucht hinderlich war, in der Nähe des Anwesens vergraben und die Stelle mit Laub oder Pflanzenteilen unkenntlich gemacht, um sie dem Zugriff von Plünderern zu entziehen.

In jenen Fällen, in denen der Besitzer in den Wirren der Ereignisse ums Leben kam, bei der Rückkehr auf sein Landgut von umherziehenden plündernden Barbarenhaufen erschlagen wurde und niemand sonst von der Familie den Vergrabungsort kannte, blieb der Familienbesitz ungehoben im Boden. - bis in unsere Zeit, wo er durch die immer intensivere landwirtschaftliche Nutzung der ganzen Region zufällig vielleicht wieder ans Tageslicht gerät...

Was vom Tage übrig blieb ...

Ende der Antike und Nachleben

Im dritten Jahrhundert führen Raubzüge und kriegerische Auseinandersetzungen zum allmählichen Niedergang des römischen Bodenseeraumes. Ab 233 n. Chr. dringen Germanen mehrfach bis ins Voralpenland vor und plündern das Land. Zahlreiche Schatzfunde, deren jüngste Münzen zwischen 233 und 260 n. Chr. geprägt wurden, sind beredte Zeugen dieser Vorgänge. Viele villae werden in dieser Zeit zerstört. Hinzu treten innerrömische Auseinandersetzungen. In Gallien erklären sich lokale Usurpatoren zum Gegenkaiser. Ein gallisches Sonderreich entsteht. Die Einheit des Reiches ist in Gefahr. Es ist anzunehmen, dass auch Raetien, zu der unsere Region gehört, von diesen innerrömischen Konflikten betroffen ist. In diesem Zusammenhang ist vermutlich auch der Zusammenbruch der Grenzverteidigung im dritten Jahrhundert zu sehen. Einige Münzschätze im Kastell Niederbiber belegen die Zerstörung des Kastells 260 n. Chr. Als Folge der Schwächung durch diese innerrömischen Auseinandersetzungen kommt es erneut zu Einfällen der Germanen. Auch wenn man das Jahr 260 nicht überbewerten sollte, so ist es doch der Anfang vom Ende römischer Herrschaft nördlich des Bodensees. Wie die jüngsten Münzen der Hortfunde von Büsslingen und Unterhorgen (von 268 n. Chr.) andeuten, ist dort die römische Kultur mit dem Niedergang der ländlichen Villen im dritten Jahrhundert nicht schlagartig erloschen. In der Nähe der neuen Verteidigungslinien an Hochrhein, Bodensee, Iller und Donau haben sich durchaus noch einige Zeit Reste der romanischen Bevölkerung gehalten. In Lindau-Aeschach deuten spätantike Funde einer Zwiebelknopffibel und einer grünglasierten Reibschale in diese Richtung. Spätestens am Ende des dritten Jahrhunderts sind jedoch grosse Teile der Provinz jenseits des Rheins verwaist. Als mehrere Versuche, die gesamte Provinz zurückzuerobern, keinen dauerhaften Erfolg bringen, errichten die Römer eine neue, tiefgestaffelte Verteidigungslinie zwischen Rhein, Bodensee, Argen, Iller und Donau. Südlich des Bodensees werden bei den alten, grösseren, mittelkaiserzeitlichen Siedlungen militärische Befestigungen errichtet, so auch in Bregenz, Arbon, Stein und Konstanz. Während die alten ungeschützten Siedlungsareale allmählich verlassen werden, konzentriert sich das spätrömische Leben nunmehr in und um die neuen Schutz- und Verteidigungslager. Unter dem konstantinischen Kaiserhaus vollzieht sich ein wichtiger Wandel am See. In der Tradition früh- und mittelkaiserzeitlicher Herrscher, die bei Stadtgründungen und Stadtrechtsverleihungen zusätzlich den Namen ihres Herrscherhauses verliehen, benennt ein Herrscher des Konstantinischen Kaiserhauses eine Stadtfestung nahe eines weitgehend unbekannten miitelkaiserzeitlichen Vicus am Bodenseesüdufer nach seiner Dynastie: Constantia.

Auch der See selber erhielt den Namen, den er in romanischen und anglophonen Ländern bis heute hat: lacus Constantinus... Als die staatliche Macht immer mehr schwindet, lässt sich der christliche Bischof in den schützenden Mauern des spätantiken Kastells von Konstanz nieder und übernimmt für die christliche Romanitas wichtige Verwaltungsaufgaben. Von nun an ist das Christentum Träger romanischen Kulturerbes und kultureller Entwicklung und bleibt es bis zur frühen Neuzeit.

Mr dischkrieret au no uuf Alemaanisch....

Alamannen im spätantiken Bodenseeraum

Die gemeinsame Sprache des Bodenseeraumes ist nicht etwa das Hochdeutsche, sondern das Bodenseealemannische, das mit dem Schweizerdeutschen eng verwandt ist. Sogar am gesamten nördlichen Bodenseeufer sprach man noch zu Beginn des 20. Jahrhunderts dieses Idiom. Selbst des Deutschen mächtige Touristen und Zugezogene können diese Sprache kaum verstehen, da sie mit zahlreichen romanischen Reliktwörtern und archaischen alemannischen Ausdrücken durchsetzt ist und eine vom Deutschen abweichende Aussprache besitzt. Durch den Einfluss der neuen Herren am See – Baden, Württemberg und Bayern und dem Zuzug Fremder verschwand das Seealemannische jedoch zusehends am nördlichen Bodenseeufer. Lebendig ist die Sprache des Bodensees noch in Vorarlberg, dem Thurgau, im Kanton St. Gallen und im Appenzellerland. Namensgeber für diese Sprache ist das Volk der Alamannen, das nach dem Ende der Römerherrschaft grosse Teile des Elsasses, der Schweiz, Vorarlbergs, Badens, Württembergs und Bayerns besiedelte. Dieses Volk, dessen Name in Landschaftsbezeichnungen, dem Namen der alemannischen Fastnacht und in der Bezeichnung der hiesigen alten Dialekte überlebt hat, hinterliess auch archäologisch seine Spuren im Bodenseeraum. Im dritten und vierten Jahrhundert kommt es im Gebiet des nachmaligen Süddeutschlands nicht nur zu Überfällen und Raubzügen von Germanen. Nahe bei und in den bekannten römischen Siedlungsstellen finden sich zum Teil auch frühe Spuren einer ersten Begehung und Besiedlung durch Alamannen. Die Überreste der römischen Villen wurden nach brauchbarem Material, wie Buntmetall durchsucht. Da sich die römerzeitlichen Gutshöfe zumeist in für Landwirtschaft und Siedlung günstigen Lagen befanden, bot es sich zudem an, in ihrer Nähe zu siedeln. Der spätantike Autor Ammianus Marcellinus berichtet von wiederholten Überfällen der Lentienser Alamannen, die nordwestlich des Bodensees siedelten. Trotzdem sind im Bereich des Bodensees und seines Hinterlandes frühe Spuren alamannischer Anwesenheit eher spärlich. In Salem wurde bei der Ausgrabung alter hallstattzeitlicher Hügel zufällig auch das Grab einer Alamannin entdeckt. Die frühen Alamannen hatten den markanten alten Grabhügel erneut als Bestattungsplatz genutzt. Schwieriger zu deuten sind jene schon 1858 bei Frickingen im Ortsteil Bruckfelden (Überlingen) geborgenen Funde des 5. Jahrhunderts. Neben einer rädchenverzierten Terra-sigillata-Schüssel aus den Argonnen wurden damals zwei Goldanhänger und ein Fingerring zusammen mit menschlichen Skelettresten in einer Kiesgrube aufgelesen. Die Funde als solche sind, anders als beispielsweise Fibeln, ethnisch nicht genug aussagekräftig und könnten neben Alamannen auch auf Restromanen deuten, die hier der regelhaften Beigabenlosigkeit nicht folgten. In Leutkirch stiess man durch Zufall auf das Grab eines alamannischen Mannes. Bei Kressbronn-Betznau liegt zudem eine Höhensiedlung, die auch Scherben aus frühalamannischer Zeit erbrachte – die Lehnensburg. Aus Ravensburg gibt es einige wenige gesichert frühalamannische Funde. Einige frühe Bestattungen des grossen alamannischen Friedhofs von Weingarten enthalten noch Beigaben spätrömischen Ursprungs.

Wo man sich vor 2000 Jahren gerne niederliess ...

Antike Geographie der Region

Von den antiken Gewässernamen unserer Region sind neben den Namen des Bodensees selber, (*lacus brigantinus*) mit Ober- und Untersee (*lacus venetus* bzw. *lacus acronus*), noch die Namen der Zuflüsse Alpenrhein (*Rhenus*), Aach (Lentia), Bregenzer Aach (*Brigantia*) und der Argen (frühmittelalterlich *Arguna*) erschliessbar. In römischer Zeit lag der Bodensee am Kreuzungspunkt wichtiger Fernverkehrsachsen von West nach Ost und Süd nach Nord. Da in der Antike der Gütertransport zu Land ca. zehnmal so teuer wie auf dem Wasser war, benutzte man, wo immer es ging, Gewässer zum Transport. Mit seiner Ausdehnung und zahlreichen schiffbaren Zuflüssen stellte der Bodensee eine Verkehrsachse von überregionaler Bedeutung dar. Auch kleinere Zuflüsse dürften als Transportwege zumindest für Treidelschiffahrt genutzt worden sein. Auf Argen, Schussen und Aach muss mit Güterverkehr mittels flacher Lastkähne von geringem Tiefgang gerechnet werden. Im Westen konnte der Hochrhein bis zu den ersten Stromschnellen befahren werden, im Südosten auch der Alpenrhein. In der frühen Kaiserzeit dürfte eine wichtige Verkehrsverbindung von der Schussen am Bodensee über die Riss zur Donau geführt haben. In der Spätantike dürfte die Verbindung vom Bodensee über die Argen zur Iller bei Kempten und weiter an die Donau deren Funktion übernommen haben. Möglicherweise diente das abseits der Hauptstrasse errichtete, vorgeschobene spätantike Kastell *Vemania* zum Schutz der Treidelschiffahrt über die Argen zum Bodensee. Eine weitere wichtige Fernverkehrsverbindung führte von Süden her über Mailand, Septimer- oder Splügenpass nach Chur und Alpenrheintal zum Bodensee. Grössere städtische Siedlungen mit entsprechendem Rechtsstatus gab es in Chur (*Curia*) und Kempten (*Cambodunum*). Die wichtigste Stadt am See war Bregenz (*Brigantium*). Sie besass unter anderem ein eigenes Forum (Marktplatz), einen Podiumstempel für den Kult der römischen Staatsgötter Juppiter, Juno und Minerva, eine grosse Thermenanlage und Händler- und Handwerkerquartiere. Dorfähnliche „Marktflecken", „*vicus*" genannt, gab es in Arbon (*Arbor Felix*), Konstanz (spätantik *Constantia*) und Eschenz (*Tasgaetium*), sowie möglicherweise in Rheineck (*Ad Rhenum*), Orsingen und Eriskirch. Bei der Mehrzahl der römerzeitlichen Siedlungsstellen handelt es sich jedoch um einzelne, landwirtschaftlich geprägte Anwesen, sogenannte „*villae rusticae*", die von ihrer Ausdehnung, der Art der Gebäude und Bewirtschaftungsweise an alte Plantagen des amerikanischen Südens erinnern. Im Westen des Bodenseeraumes sind römische *villae rusticae* aus Überlingen, Bambergen, Stuttheien-Hüttwilen, Büsslingen, Bargen, Anselfingen, Eigeltingen, Eckhardsbrunn, Waterdingen, Homberg, Bodman, Stöckenhof, Wahlwies, Wollmatingen, Mühlhofen und Ludwigshafen bekannt. Im Ostteil der Bodenseeregion liegen römische Funde aus Lindau-Aeschach, Langenargen, Eriskirch, Mariabrunn, Kressbronn-Betznau, Laimnau, Friedrichshafen-Löwental, Jettenhausen und der Umgebung von Kluftern vor. Daneben weisen Alpenrhein- und Schussental eine dichtere Besiedlung auf (u. a. mit Fundstellen in Alberskirch, Baienfurt, und Berg).

Bregenz - Brigantium

Die „Haupt"-Stadt des Bodenseeraumes

Die Stadt Bregenz war schon in vorrömischer Zeit der Hauptort der keltischen Brigantier. In frührömischer Zeit entstand auf dem Plateau des Ölrains ein Holz-Erde-Kastell für eine 500 Mann starke Truppeneinheit. Vom Lager ist ein 3m breiter Spitzgraben und Reste der Innenbebauung, wie ein Stall, eine längliche Mannschaftsbaracke (*contubernium*) und das Wasserbecken einer Zisterne oder eines Bades, bekannt. Aus dieser Zeit stammen ein Militärgürtelbeschlag, ein Eisendolch, eine römische Glasphalera und eine dem Drusus zwischen 14 - 23 n. Chr. gewidmete Inschrift: „(D)RVSO TIB(ERII) F(ILIO) CAESARI". Gegen Mitte des 1. Jahrhunderts n. Chr. wird das Militär aus Brigantium an die Donau abkommandiert. Die Zivilsiedlung hatte jedoch Bestand und wurde ab Mitte des 2. Jhs. in Stein ausgebaut. Das antike Brigantium hatte eine Ausdehnung von ca. 530 x 350 Metern entlang der bis zu 9 m breiten Hauptstrasse und besass ein regelmässig angelegtes Strassensystem. Im Zentrum der Siedlung lag das 96,5 x 54,6 m grosse Forum - der Marktplatz und Sitz der städtischen Magistrate einer antiken Stadt. Der zentrale Forumshof besass eine repräsentative Eingangsfront und war auf allen vier Seiten von Hallen mit Säulenfassaden eingefasst. Von ehemals vorhandenen Statuen und Weihesteinen sind nur noch die Fundamente erhalten. Ein Tempelbezirk mit 25,9 x 32,5 m grossem Podiumstempel mit vorgelagerter Eingangstreppe, Vorhalle und dreigeteilter cella lag am nördlichen Stadtrand. Ein Stück stadtauswärts existierte ein weiterer Tempelbezirk mit gallorömischen Umgangstempeln. Ein Weihestein von Kaufleuten Brigatiums zu Ehren aller Götter „dis deabusque" stammt von hier. Brigantium besass auch eine grosse Thermenanlage mit Höfen und Wandelhalle. Der Kernbau war 40 x 40 m gross und umfasste neun Räume mit apodyterium, frigidarium, tepidarium und caldarium. Die zugehörige Wandelhalle hatte einen Marmorboden und eine innere Säulenreihe. Der Durchmesser der Säulen betrug 0,75 m, die Höhe ca. 7 m. Von der Hallenwand stammt ein Graffiti mit einem Vers aus Vergils Aeneis (12,58 ff.), der die klassische Bildung der Nutzer bezeugt. Während auf der Seeseite öffentliche Grossbauten und luxuriöse Villen das Bild bestimmen, sind es auf der Südseite die Läden kleiner Handwerker und Kaufleute. Entlang den Hauptstrassen gab es Portiken. Bei den luxuriösen Villen handelt es sich um Häuserblocks mit zentralem Peristylhof, um den sich die Räume des Hauses gruppieren. Die langrechteckigen Handwerkerhäuser gliedern sich hingegen in strassenseitigen Laden und dahinter liegende Magazine, Wirtschaftstrakte und Wohnbereiche. Schmelzöfen und Herdstellen bezeugen Schmiede, Keramiklager mit Terra Sigillata Keramikhändler. Am Südrand finden sich Rasthäuser, wobei ein Gebäude einen Eichblock mit amtlichen Hohlmassen und eine Sonnenuhr besass. Ausserhalb der Siedlung liegen entlang der Strasse die Nekropolen.

In der Spätantike wird in der Bregenzer Oberstadt ein spätrömisches Kastell mit Bad errichtet. Daneben sind auch zwischen Oberstadt und Leutbühel verschiedene spätantike Bauten nachgewiesen, wie ein *horreum* in der Maurachgasse, hypokaustierte Gebäude im Bereich von Kirch- und Römerstrasse und eine Hafenanlage am Leutbühl.

Arbon - Arbor felix

Von der Kaiserzeit bis zur Spätantike

Gleich vier antike Textstellen erwähnen das römerzeitliche Arbon, das zu dieser Zeit „Arbor felix" genannt wurde. Die erste Erwähnung um 280 n. Chr. stammt aus dem Itinerarium Antonini, einer antiken Strassenbeschreibung. Weitere Belege finden sich in der Tabula Peutingeriana, der Kopie einer antiken Strassenkarte und der Notitia Dignitatum, eines spätantiken Verzeichnisses römischer Truppenteile. Auch der spätantike Autor Ammianus Marcellinus erwähnt beiläufig, dass Gratian 378 durch ein Kastell, Namens Arbor felix gezogen sei („per castra, quibus Felicis Arboris nomen est."). All diese Nennungen beziehen sich jedoch auf eine spätantike Militäranlage, während über die früh- und mittelkaiserzeitliche Besiedlung nur wenig bekannt ist.

Funde des 1. und 2. Jahrhunderts n. Chr. aus dem Bergli-Quartier westlich des mittelalterlichen Stadtkerns deuten auf einen römerzeitlichen vicus. Die Strassensiedlung lag an der Römerstrasse von Pfyn (Ad fines) nach Bregenz (Brigantium). An einer der breitesten Stellen des Bodensees gelegen, diente Arbon als Umladeplatz für Waren, die nach Norden Richtung Eriskirch verschifft wurden. Von dort bestand eines Verkehrsverbindung entlang der Flüsse Schussen und Riss zur Donau. Möglicherweise dürfte auch Treidelschiffahrt entlang der Argen bestanden haben. Diese Waren dürften via Eriskirch oder Langenargen auch teilweise nach Arbon verschifft worden sein.

Von A. Oberholzer aufgenommene Pläne zeigen zahlreiche Mauerzüge im Bereich des Bergli-Quartiers. Zwischen 1905 und 1907 wurden im Bereich der heutigen Rebenstrasse Mauern aus Rorschacher Sandstein und Flusswacken aufgedeckt, wobei römische Funde nur vereinzelt zu Tage kamen. Am Kreuzungspunkt von Schul- und Römerstrasse wurde auf dem höchsten Punkt des Bergli ein Kanalisationsschacht freigelegt, den Keller-Tarnuzzer als römerzeitlich einordnete. Am Kreuzungspunkt von Allemannen- und Römerstrasse wurde 1892 in 1,5 m Tiefe eine grosse Anzahl an römischen Scherben sowie Knochen und römische Münzen gefunden. Beim Bau weiterer Häuser in der Römerstrasse 11 bis 27 und Rebenstrasse 15 und 25 kamen ebenfalls sehr grosse Mengen römischer Keramik ans Tageslicht.

Aus Arbon stammt zudem eine kleine Bronzestatuette des antiken Gottes Helios. Erwähnenswert sind auch die Funde eines bronzenen Pferdegeschirranhängers, eines 147 kg schweren römischen Bleibarrens mit Inschrift, zahlreicher römischer Münzen, Fragmenten von Amphoren, einer Bronzefibel sowie römischen Tafelgeschirrs, „Terra sigillata" genannt. Das spätantike Kastell von Arbon wurde erst in den 60er Jahren des 20. Jahrhunderts entdeckt und teilweise ausgegraben. Während der Regierungszeit Diokletians wurden bei älteren mittelkaiserzeitlichen vici Steinkastelle errichtet. Das Steinkastell von Arbon wurde vermutlich um 300 n. Chr. erbaut. Von der Bebauung der Innenfläche ist ein grosser hallenartiger Bau in der Nordwestecke, sowie Reste eines Badegebäudes bekannt. Die Weiterverwendung des antiken Ortsnamens „Arbon" deutet auf eine gewisse Siedlungskontinuität auch nach dem Abzug regulärer römischer Truppen zu Beginn des 5. Jahrhunderts hin. Die Erwähnung in der Lebensbeschreibung des Heiligen Gallus bestätigt dies.

Konstanz - Constantia

Vom namenlosen vicus zur „Kaiser"-Stadt

Die topographische Lage des antiken Konstanz wurde durch zwei Faktoren bestimmt: Die Rheinbrücke und den Hafenbereich. Für antike Strassenplaner bot es sich an, an der schmalsten Stelle des Sees am Übergang zwischen Ober- und Untersee eine Brücke zu errichten. Eine wichtige Rolle spielte auch die vorgelagerte Insel im Osten. Sie ermöglichte die Errichtung eines wettergeschützten Hafenbereiches und somit eine Schiffahrtsverbindung bis nach Brigantium (Bregenz). So nimmt es nicht Wunder, dass ausgerechnet im Bereich des nördlichen Münsterplatzes auf einer kleinen Anhöhe westlich dieser vorgelagerten kleinen Insel die Reste eines Militärlagers aus augusteischer bis frühtiberischer Zeit aufgedeckt werden konnten. Der Wehrgraben hatte eine Breite von 5m und war 2,5 m tief. Von den Bauten des Lagers ist nur der Torturm des Nordtores bekannt. Die Funktion des Lagers bestand vermutlich in der Sicherung dieser wichtigen Brücken- und Verkehrsverbindung. Der zugehörige Marktflecken (vicus) ist bislang nur in Ausschnitten und fast ausschliesslich durch Kleinfunde belegt, da in diesem Bereich natürlich eine massive mittelalterliche Überbauung vorliegt. Auf der anderen Rheinseite konnten im Bereich des Klosters Petershausen am Rheinnordufer Reste einer römischen Töpferei und Siedlungsspuren des 1. und zweiten Jahrhunderts ausgegraben werden. Die militärischen Baustrukturen konzentrieren sich jedoch im Bereich des Münsterhügels, sowie im historischen Stadtteil Niederburg. Hier konnten zwei militärische Erdanlagen aus der Zeit zwischen 260-290 n.Chr. durch 5,5 m breite und 2,0 m tiefe v-förmige Wehrgräben nachgewiesen werden. Dies belegt erste Sicherungsmassnahmen der römischen Zentralgewalt nach 260 n. Chr. Von grösstem Interesse für die Beurteilung spätantiker Kontinuität ist das oft postulierte, aber erst im Jahre 2003 nachgewiesene spätantike Kastell auf dem Münsterplatz. Hier wurden Turm und Teile der Wehrmauer eines spätantiken Kastells von insgesamt 27 m Länge freigelegt. Die Wehrmauer ist 2,2 m breit und in Zweischalentechnik erstellt. Aussen- und Innenfront sind mit Tuffsteinmauerwerk verblendet und weiss verputzt. Das Fundament besteht aus Bodenseewacken. Der Turm ist 6 m x 7 m gross und springt aus der Mauerflucht hervor. Im Inneren des Kastells befindet sich ein Badegebäude, das in einer späten Nutzungsphase verkleinert wurde. Die Grösse des Kastells wird zwischen 0,8 und 1 ha geschätzt. Aufgrund von Ähnlichkeiten mit dem Kastell in Stein am Rhein und militärstrategischen Erwägungen geht die Forschung davon aus, dass das spätantike Kastell in diocletianischer Zeit um 300 n. Chr. errichtet wurde. Von einem Herrscher des Konstantinischen Kaiserhauses (wohl Constantius II) dürfte es nach der Mitte des 4. Jahrhunderts den Namen Constantia erhalten haben.

Nachdem das Christentum Staatsreligion geworden war, dürfte man in dem Kastell eine kleine christliche Kirche errichtet haben - die Keimzelle für das Konstanzer Münster. Nach dem Ende der römischen Herrschaft diente die immer noch stehende Festung dem Bischof als Oberhirten der verbliebenen christlichen Romanitas als Residenz. Die gewaltigen Mauern des Kastells stürzten erst im hohen Mittelalter wegen Baufälligkeit um.

Eschenz - Tasgaetium

Von hölzernen Latrinen und Göttern auf Abwegen

Am westlichen Ende des Bodensees befindet sich der kleine Ort Eschenz. Hier lag in römischer Zeit der *vicus* von *Tasgaetium* (ausgesprochen „Tasch-gei-ti-um"). Schon der griechische Geograph Ptolemaius überliefert die Existenz eines Ortes Taxgaition. Möglicherweise geht der heutige Name Eschenz direkt auf die antike Bezeichnung zurück. Eine Besonderheit ist die Erhaltung von antiken Holzobjekten aufgrund des feuchten Bodens. So fand man eine hölzerne Kultstatue einer keltischen Gottheit versenkt im Holzkanal einer hölzernen Latrine.

Nach Auskunft des archäologischen Fundmateriale war der Ort ab dem 1. Jh. n. Chr. besiedelt, wobei der Schwerpunkt von der zweiten Hälfte des ersten Jh. bis in die erste. Hälfte des dritten Jahrhunderts reicht. Im späten dritten Jahrhundert erfolgte eine Verlagerung von Siedlung und Brücke in das 400 m rheinabwärts gelegene spätantike Kastell Stein am Rhein. Die ältesten Siedlungsspuren aus dem frühen ersten Jahrhundert n. Chr. stammen von der vorgelagerten Insel Werd.

Wie viele andere Siedlungen dieser Zeit verdankte der vicus von Eschenz seine Existenz einer durch zahlreiche Pfahlfelder im Rhein belegten Brücke, wobei die Insel Werd in die Konstruktion mit einbezogen wurde. Durch Dendrodaten aus den Pfahlfeldern, kann eine der Bauphasen auf 80/81 n. Chr. datiert werden.

Die Ausdehnung der antiken Siedlung erstreckte sich südlich der Insel Werd über 500 m entlang des Rheins in West-Ost-Richtung bei er Nord-Süd-Ausdehnung von ca. 200 m. Der Name Tasgaetium der Siedlung wurde durch Grabungen Bernhard Schenks 1874-1875 bestätigt. Bei der Freilegung eines 21 x 13 m grossen Badegebäudes fand man auf Inschriften den Namen des *vicus*. Besondere Bedeutung kommen den Grabungen K. Keller-Tarnuzzers zu Beginn der dreissiger Jahre auf der Insel Werd zu und der Bearbeitung und Publikation der Eschenzer Keramik durch H. Urner-Astholz im Jahre 1942, wobei besonders durch die ehrenamtliche Arbeit von Alfons Diener, Dr. P. & A. Kraft-Obousier und Rita Fischer wichtige Impulse für die Forschung ausgingen.

Die Liste der Fundpunkte ist lang: Kaiserzeitlich Gräber fanden sich im Bereich der heutigen Strassengabelung. Schon 1876 wurden in der Flur Herrmannäcker Töpferofen der mittleren Kaiserzeit aufgedeckt. 1913 kamen beim Bau der Käserei aht Gräber ans Tageslicht. 1939 entdeckte man ein ganzes antikes Keramiklager. 1940 sogar Töpferofen aus augusteischer Zeit in Nordwesten der Siedlung. In Flur Mettlen wurde 1977 ein Holzkanal aus der ersten Hälfte des ersten Jahrhunderts nach Christus und hierin das hier Kapuzenmännli ausgegraben. 1991 fand man bei einer Grabung im Areal Rebmann Holzkonstruktionen, Abwasserkanäle und Latrinen. 1991/92 wurden südlich des Kastells Stein am Rhein Reste mittelkaiserzeitlicher Töpferofen, eine Feuerstelle und Lehmgruben aufgedeckt. 1992 barg man im Bereich Lindenstrasse viel Keramik der frühen Kaiserzeit und einige Militaria. 1994 im Areal Zatti-Landold Entwässerungsgräben, Wasserbecken und Reste von Holzbebauung.

Doch erst vor wenigen Jahren gelang es im Ortskern die antike Hauptstrasse mit den daran gelegenen, für *vici* typischen Streifenhäusern nachzuweisen.

Orsingen

Ein Tempel und seine Wurzeln

Westlich des heutigen Ortes Orsingen dehnt sich auf einer Fläche von mindestens 300 x 800 Metern eine grosse römische Siedlung aus, deren antiker Namen unbekannt ist. Falls der heutige Name ORS-ingen, nicht, ähnlich wie bei FAIM-ingen (= Phoebiana), einen antiken Ortsnamen enthält, könnten korrigierte geographische Lageberechnungen nach Ptolemaios, dem unter anderem die Rheinbiegung bei Basel unbekannt war, auf den Namen Drusomagus (ähnlich Juliomagus) deuten. Westlich von Orsingen dürfte sich ein Ausläufer der römischen Bodenseegürtelstrasse mit einer Strassenverbindung von Eschenz an die Donau gekreuzt haben. Zusammen mit der nahen Provinz- und Zollgrenze verlieh sie dem Ort eine gewisse strategische Bedeutung. Bereits im Jahre 1846 fand in Orsingen die erste archäologische Ausgrabung statt. Bei der Erforschung des Verlaufes der Strasse von Zürich (Turricum) nach Rottweil (Arae Flaviae) stiess der Zürcher Professor Oken westlich von Orsingen in Flur Kopfäcker auf ein römisches Badegebäude aus dem 2. Jahrhundert nach Christus von 20 x 19 m Grösse. Beim Bau eines Einrichtungshauses im Jahre 1977 wurden am südwestlichen Ortsrand Reste eines Tempelbezirkes mit gallo-römischem Umgangstempel, zwei Podien von Standbildern oder Weihealtären und einer Pflasterung aufgedeckt. Gallo-römische Tempel gelten als Synthese von keltischen Glaubensvorstellungen mit mediterran römisch-hellenistischen sakralen Architekturelementen. Das besondere an dem gallorömischen Tempel in Orsingen ist jedoch, dass er zu einem späteren Zeitpunkt im fortgeschrittenen 2. oder 3. Jahrhundert nach Christus zu einem länglichen Tempel mit einem, klassischen hellenistischen Tempeln nachempfundenem Erscheinungsbild umgebaut wurde. Diese sogenannten „klassizierten" Tempel besitzen eine betonte Giebelfront nach hellenistischem Vorbild und stehen meist etwas erhöht auf einem mauerbegrenztem erdverfülltem Podium. Weitere Stein- und Holzgebäude sind entlang der angenommenen Nord-Süd-Achse durch Sondagen, Bewuchsmerkmale und Bauschutt nachgewiesen. Durch Luftbildbefunde sind bislang 4-5 weitere Gebäude nachgewiesen. Auffallend ist zudem eine starke Konzentration an Terra sigillata-Bilderschüsseln an einer Stelle am Nordrand der Kopfäcker, die auf das Lager eines Keramikhändlers deuten könnten. Bei Verlegungen von Fernmeldekabeln in den Jahren 1922 und 1978 im Bereich der Flur Kopfäcker wurden grosse Mengen an römischen Funden geborgen, ohne dass weitergehende Untersuchungen zu Baustrukturen erfolgten.. Auch beim Ausbaggern eines Grabens zur Verlegung einer Wasserleitung wurden in grossen Mengen römerzeitliche Funde geborgen, die jedoch grösstenteils verschollen sind. Ebenso erging es mit den meisten Funden, die bei der Errichtung moderner Wohnhäuser am westlichen Ortsrand ans Tageslicht kamen. Eine 7,6 cm grosse Jupiter-Statue wurde im nördlichen Teil der Siedlung von einem Schüler aufgelesen. Besonders auffällig und für ländliche villae rusticae untypisch ist die grosse Anzahl an Amphorenfragmenten, die verstreut über die gesamte Siedlungsfläche aufgelesen werden konnten. Dies deutet auf einen regen Handel mit Waren aus dem mediterranen Raum.

Eriskirch

Von Flusshäfen, Brücken und Strassen

Nördlich der heutigen Mündung der Schussen in den Bodensee bei Eriskirch liegt eine grössere antike Siedlung nebst antiker Nekropole. Falls sich im heutigen Ortsnamen ERIS-[kirch] kein antiker Name verbirgt, könnte auch der antike Name des zu querenden Flusses eponym sein. In römischer Zeit verlief das Seeufer hier weiter nördlich. Dies bot für römische Bodenseeschiffe eine Umlademöglichkeit. Durch Nutzung eines Schussenaltarmes hatte man an dieser Stelle einen natürlichen, sturmsicheren Hafen. Für regen Verkehr sprechen jene römischen Münzen, die in den vergangenen Jahrzehnten südlich von Eriskirch in einer alten Flussschleife aufgelesen wurden. Als man 1906 die Schussen an dieser Stelle begradigte, entdeckte man im Durchstich eines der Altarme eine hölzerne Pfahlanlage mit zahlreichen römerzeitlichen Fundstücken. Die ausgedehnten Pfahlfelder können als Reste einer mehrphasigen römischen Brückenanlage interpretiert werden. Folglich querte an dieser Stelle eine wichtige römische Strassenverbindung den Fluss. So verwundert es nicht, dass westlich und östlich der Brückenanlage römische Siedlungsspuren aufgedeckt wurden. Weiter westlich wurden 1996 Reste mehrerer mit Keramik verfüllter Töpferöfen nahe des neuen Feuerwehrgerätehauses entdeckt. Näher an der Brückenanlage wurde beim Bau der B 31-neu zwischen Schussen und Baumgartener Strasse ein römischer Brunnen mit teilweise erhaltener Holzverschalung angeschnitten. Nur wenige Monate später kamen südöstlich der Baumgartener Strasse bei Baumassnahmen antike Hauspfosten, weitere holzverschalte Brunnen und Gruben mit grösseren Mengen römischer Keramik ans Tageslicht. Bemerkenswert ist, dass sich in Tannesch wegen des hohen Grundwasserspiegels Hölzer aus römischer Zeit erhalten hatten. Die Untersuchung der antiken Holzproben durch Herrn Billamboz (LDA Aussenstelle Gaienhofen-Hemmenhofen) ergab für eines der Holzbretter aus einem antiken Brunnen ein Fälldatum von 78 n. Chr. +/- 10. Eine weitere römerzeitliche Siedlungsstelle soll sich auf einer leichten Erhebung nordwestlich eines alten Schussenarmes auf Flur „Mauern" befinden. Diese Stelle wird schon in einem mittelalterlichen Urbar des Hochstifts Konstanz aus dem beginnenden 14. Jahrhundert als „antiquum castrum, quod vocatur 'du Mure'" bezeichnet. Dies bedeutet, dass zu dieser Zeit dort noch Gebäudereste von erheblicher Höhe standen, man aber schon im 14. Jahrhundert nichts Genaues mehr über deren Funktion wusste. Während der Schussenbegradigung wurde in der Südostecke des Altarmes eine 0,8 Meter dicke Mauer aufgedeckt. Undatiert sind bislang auch jene Gebäudereste in Flur „Weiler" westlich der Schussen, über die schon 1877 der Archäologiepionier Eduard von Paulus schrieb: „Auf Flur Weiler stösst man auf Grundmauern römischer Gebäude." Im Februar 1999 wurde zwischen Schlatt und Mariabrunn eine Eisenfibel geborgen, die in einer lockeren Schüttung aus Asche, verbrannten Scherben und Knochen lag. Weitere Funde stammen aus dem Bereich einer römischen Töpferei auf Flur „Röcken". Auffallend ist die verkehrsgeographische Lage am Flussübergang am Beginn der Bodensee-Schussen-Riss-Donau-Passage. Dies alles deutet auf eine kleine Händler- und Handwerkersiedlung (vicus) mit mansio.

Leben zwischen Vulkanen...

Westlicher Bodenseeraum

Der westliche Bodenseeraum wurde in römischer Zeit durch zwei grosse Verkehrsachsen, einmal von Süden nach Norden vom Schweizer Mittelland zur Donau sowie von Westen nach Osten von Basel nach Bregenz geprägt. Wesentliches Kennzeichen dieser Route ist die Unterbrechung des Wasserweges auf dem Hochrhein durch die Rheinfälle von Schaffhausen. An diesem Punkt musste die Ladung umgeladen, beziehungsweise das Transportschiff aufwendig mit Winden an Land gezogen werden. Verkehrstechnisch bildet somit der östliche Hochrhein von Schaffhausen bis Eschenz eine Einheit mit dem Bodensee. Hierdurch war das Gebiet auch kulturell mit dem Bodenseeraum verbunden. Bemerkenswert ist, dass im Bereich des westlichen Bodenseeraumes eine von Norden nach Süden verlaufende Zoll- und Verwaltungsgrenze zwischen zwei römischen Provinzen vermutet wird. Westlich dieser Nord-Süd-Grenze befand sich die römische Provinz Germania superior, östlich davon die Provinz Raetien. Die Tatsache, dass sich im Bereich des weit westlich gelegenen Fundortes Büsslingen für den Bodenseeraum typische Keramiken fanden und die oben erläuterte verkehrsgeographische Situation, machen es jedoch wahrscheinlich, dass diese Grenze weiter westlich im Bereich des Rheinfalles verlief. Die Landschaft des nördlichen Teiles des westlichen Bodenseeraumes wird durch die Höhenzüge des Hegaus mit seinen Vulkanbergen geprägt. Die Vulkanasche führt zu einer hohen Fruchtbarkeit der umliegenden Gebiete, so dass die Landwirtschaft auch noch in Höhenlagen gute Erträge liefert. Grössere Orte in dieser antiken Grenzregion waren Eschenz, Konstanz und Orsingen sowie noch weiter westlich Juliomagus (Schleitheim) und ganz im Süden Ad fines (Pfyn) und Vitodurum (Oberwinterthur). Die verkehrsgeographische Situation am Westrand des Bodensees lässt es auch möglich erscheinen, dass die bei Bodman aufgedeckten Mauerzügen zu einem kleinen vicus oder eine Strassenstation gehören, an dessen Stelle in der Spätantike ein vorgeschobenes Hafenkastell entstand. Im Bereich des Hegaus wurden landwirtschaftlich geprägte villae rusticae in Eigeltingen, Eckhardsbrunn, Anselfingen, Engen-Bargen, Büsslingen, Waterdingen, Wollmatingen Hohenfels-Liggersdorf, Wahlwies, Ludwigshafen, Stöckenhof am Mindelsee, Homberg, Randegg, Espasingen, Wangen, Hilzingen und Mindersdorf nachgewiesen, während Baureste in Mühlhausen-Ehingen und Singen am ehesten zu Strassenstationen gehören dürften. Aufgrund der besonderen topographischen Situation gibt es im Bereich des Hegaus auch in römischer Zeit gehäuft die Nutzung von Höhlen und natürlichen Unterständen. Da die in diesen Bereichen gefundenen römischen Sachaltertümer teilweise eine Generation älter sind, als die ältesten aus den villae rusticae und auch jüngere Funde nach 260 n. Chr. vorhanden sind, dürfte im Bereich der Hochflächen schon in frührömischer Zeit eine extensive Nutzung durch Wanderhirten stattgefunden haben, die auch nach dem Ende der grossen landwirtschaftlichen Anwesen am Ende des 3. Jahrhunderts in bescheidenem Rahmen weiter fortlebte. Südlich von Hochrhein und Bodensee lagen die römischen Siedlungen von Stuttheien-Hüttwilen, Salen, Herdern, Oberwil oder Wellhausen.

Von der Sonne verwöhnt...

Östlicher Bodenseeraum

Naturräumlich wird der Osten des Bodenseeraumes von den sich südlich und östlich erstreckenden Ausläufern der Alpen geprägt. Hierdurch ist die Landschaft in ein nördliches, weniger ansteigendes Hügelland mit Endmoränen und ein südöstliches Gebiet mit stärker gebirgigem Charakter geteilt. Im Südosten befindet sich das breite Urstromtal des Alpenrheins, während am nördlichen Ufer des Sees eine Ebene durch Schussen-, Argen- und Rotachdelta entstanden ist. Die naturräumliche Gliederung hatte auch unmittelbare Auswirkungen auf Intensität und Art der Besiedlung und prägte Verlauf und Lage der Verkehrswege. Ein wichtiger Verkehrsweg verlief von Norditalien, über die Bündner Alpen zum Bodensee und von dort weiter nach Kempten und Augsburg bis zur Donau. An der verkehrsgeographisch wichtigsten Stelle im Osten befand sich die grösste Stadt Brigantium (Bregenz). Weitere Marktflecken und Strassenstationen waren Arbor felix (Arbon), Ad Rhenum, Clunia, Vemania (Isny-Bettmauer) und Eriskirch. Während der Grossteil des bodenseenahen Bereiches des Kantons St. Gallen und das Appenzellerland aufgrund von Klima, Höhenlage und heutiger Vegetationsdecke kaum Nachweise römischer Siedlungsspuren lieferte und wohl primär für Viehwirtschaft genutzt wurde, finden sich in Alpenrheintal und am Nordwestufer des Bodensees mehrere gesicherte landwirtschaftliche Anwesen. Funde von Glocken für Kühe und andere Weidetiere aus dem näheren und weiteren alpinem Umfeld belegen Weidewirtschaft im alpinen Bereich in römischer Zeit. Die Versorgung der Stadt Brigantium (Bregenz) mit Feldfrüchten, wie Obst und Getreide dürfte hingegen über die villae rusticae des Alpenrheintales und nordöstlichen Bodenseeufers erfolgt sein. In den klimatisch besonders begünstigten Lagen des Uferbereiches ist in dieser Zeit auch mit Kultivierung von Wein und anderen mediterranen Pflanzen zu rechnen. In römischen Abfallgruben des vicus von Eschenz fanden sich Feigen- und Granatapfelsamen und sogar der Zweig eines Granatapfelbaumes. Die Bezeichnung Ölrain in Bregenz liess einige Forscher vermuten, die Römer hätten dort versucht, Olivenbäume zu akklimatisieren. Aufgrund ihrer speziellen Bestäubungstechnik könnten Feigen durchaus kultiviert worden sein, ohne dass es in Pollendiagrammen nachweisbar wäre. Aufgrund der Ausdehnung des Imperiums und der weitgespannten Handelsbeziehungen jener Zeit, kann jedoch anhand dieser weniger Funde mediterraner Pflanzen noch nichts über deren Kultivierungsort ausgesagt werden. Aus dem heutigen Vorarlberg gibt es eine Reihe von Siedlungsfunden. Grossflächige Grabungen in villae rusticae fehlen jedoch weitgehend. Westlich hiervon wurde in Sargans eine villa rustica ergraben. Im Bereich des heutigen Liechtenstein sind landwirtschaftlich geprägte Anwesen aus Schaanwald, Nendeln, Gemeinde Eschen und Triesen bekannt. Ländliche villae rusticae sind in Lindau-Aeschach, Langenargen, Kressbronn-Betznau, Laimnau-Langnau, Überlingen, Bambergen, Mühlhofen, Oberuhldingen und Jettenhausen nachgewiesen. Für Riedheim, Unterlottenweiler und den nordöstlichen Bereich von Eriskirch existieren Berichte aus dem 19. Jahrhundert über die Freilegung von Mauerzügen und römische Funde.

Wie die Römer bauten ...

Aussehen römischer Gebäude

Antike Gebäude unserer Regio weisen trotz aller Unterschiede zum Teil ähnliche Grundrisse auf. Dies deutet auf die Existenz musterartiger Baupläne, die von jedem Gutshofbesitzer den individuellen Bedürfnissen angepasst wurden. Doch je länger ein Gebäude bewohnt war und je mehr Umbauten erfolgten, umso mehr entfernte sich sein Aussehen vom ursprünglichen Bauschema. Die Bewirtschaftungsform, Landgüter, sogenannte „villae rusticae" mit einer Vielzahl von Sklaven und Gesinde zu betreiben, stammt aus dem Mittelmeerraum. Die meisten villae rusticae dürften zu den Höfen mit lockerer Streubebauung gehört haben. Das Zentrum des Anwesens bildete meist ein repräsentatives Hauptgebäude mit zwei Ecktürmen an der Vorderfront und grossem rechteckigem, ummauertem Bereich dahinter. Entlang der Hauptfront zwischen den Türmen erstreckte sich häufig eine Säulenreihe. In Oberndorf-Bochingen (RW) konte beispielsweise eine 23 m lange Säulenreihe von insgesamt zehn Säulen mit einer Höhe von je 2,37 m nachgewiesen werden. Derartige Gebäudeformen werden als Porticusvilla mit Eckrisaliten bezeichnet. Um den Innenhof der Herrenhäuser gruppierten sich verschiedene Räume. Der Innenhof selber lässt sich als nach mediterranem Vorbild gestalteter, atriumartiger Peristylhof mit umlaufender Säulenreihe, darauf ruhendem, nach Innen geneigtem Pultdach und zentralem Wasserbecken rekonstruieren und ähnelte vom Erscheinungsbild mittelalterlichen Kreuzgängen. Ein säulengestützter Innenhof ist in Inzigkofen (SIG) nachgewiesen, während ein Wasserbecken im Innenhof aus Starzach-Bierlingen (TÜ) bekannt ist. Wie derartige Gebäude ausgesehen haben, zeigen Bauten des römischen Gutshofes von Oberndorf-Bochingen. Hier waren einige Wände von Gebäuden bei einem Erdbeben umgefallen und hatten so Aussehen und Position von Fenster- und Türöffnungen bewahrt. Die Gebäude dürften teils beachtliche Höhen zwischen 8-10 m gehabt haben. Weitere Gebäude sind als Speicherbauten, Gesindehäuser, Geräteschuppen, Ställe oder Darren anzusprechen. Selbst in kleineren Anwesen finden sich zumeist kleine beheizte Badehäuser, die wegen der Feuergefahr oft abseits des Hauptgebäudes errichtet wurden. Die Anlagen wurden bevorzugt am Fusse einer kleinen Anhöhe unterhalb einer kleinen Quelle errichtet. Zusätzlich wurde die Wasserversorgung durch Brunnen gesichert. Das gesamte bebaute Areal war häufig mit einem kleinen Mäuerchen umgeben. Als Baumaterial bevorzugte man grosse Flusswacken, Kalktuff, aus dem leicht Quader gesägt werden konnten, und Mörtelestrich, denn Tonziegel wurden primär für Dachdeckung und Fussbodenheizung verwendet. Funde belegen, dass die Gebäude grösstenteils mit roten Tonziegeln gedeckt waren. Als Dachziegel dienten dicke, langrechteckige Tonplatten mit je einer dicken Leiste auf der rechten und linken Seite. Die Längszwischenräume waren mit halbröhrenförmigen Ziegeln abgedeckt, damit kein Wasser eindringen konnte. Manche Ziegel weisen Schuhabdrücke, Spuren von Tierpfoten oder sogar Graffiti auf, die während der Ziegelherstellung entstanden, als die noch weichen Ziegel vor dem Brand zum Trocknen ausgelegt wurden.

Zwischen Notwendigkeit und Luxus ...

Innenausstattung römischer villae rusticae

Reste von Fensterglas beweisen, dass die Fenster der villae rusticae verglast waren. Funde aus anderen Gegenden deuten auf die Verwendung von Sprossenfenstern mit kleinen rechteckigen Glasscheiben. Weil römisches Fensterglas nicht vollkommen transluzid, sondern milchig blau bis -grünlich war, tauchte es Räume in ein etwas unwirklich wirkendes eisblaues bis grünliches Licht. Erhaltene rote, gelbe und grüne Wandverputzstücke belegen, dass die villae rusticae farbig dekorierte Innenwände besassen. Neben figürlichen Darstellungen waren, in rechteckige monochrome Zonen gegliederte Wanddekorationen beliebt. Als Bodenbelag schätzte man Holzdielen, Bodenmosaike oder einfachen Estrich. Da sich Holz von Möbeln im allgemeinen nicht erhalten hat und metallene Möbelbeschläge meist „recyclet" und wieder eingeschmolzen wurden, entsteht aufgrund der Erhaltungsbedingungen das falsche Bild, dass römische Innenräume kaum möbliert gewesen seien. Doch vermutlich waren Zimmer durchaus ansprechend ausgestattet. Gerade in den holzreichen nördlichen Provinzen dürften Möbel erschwinglich gewesen sein. Neben korbartigen hohen Sesseln, vierbeinigen Holzstühlen- und Tischen, Fusschemeln, dreibeinigen Tischchen, metallenen Klapptischchen, Liegen, Truhen, Kästchen mit Klappdeckel oder Schiebeverschluss gab es auch Tischaufsätze, Regale, Wandschränke, Schränkchen und buffetartige Kombinationen aus einem grösseren breiteren Stück mit einem schmäleren oberen Aufsatz. Die Möblierung dürfte sich nach dem Zweck des Raumes gerichtet haben, je nachdem ob es sich um atrium,

Speisezimmer (triclinium), Schlafzimmer (cubiculum), Lagerraum (cella) oder anderes handelte. Im Speisezimmer, das bezeichnenderweise Triclinium (= Drei-Liegenraum) genannt wurde, befanden sich Liegen, die um einen Tisch herum gruppiert waren. Wichtiger Teil des Hauses war das sogenannte Lararium, eine Ecke eines Raumes, die Altäre der sogenannten Hausgötter enthielt. Nach römischer Vorstellung besass jede Familie und jedes Haus Schutzgötter, die Laren. Vorfahren und verstorbene Familienmitglieder wurden zu beschützenden Mächten, die Verehrung genossen. Die kleinen hölzernen und bronzenen Statuetten von Göttern und Wachsbilder der Vorfahren waren oft in einem schreinartigen Schränkchen mit Flügeltüren untergebracht. Der Hausherr hatte wohl einen eigenen Bereich zur Erledigung der Tagesgeschäfte mit Schreib- und Lesepult, verschliessbarem schrankartigem Regal und Truhen, in denen wichtige Schriftstücke, wie Bürgerrechtsurkunden und Verträge, das Familienvermögen aber auch Schreibzeug und Bücher und Schriftrollen, unter anderem vielleicht Werke landwirtschaftlicher Fachautoren, wie Cato, Varro, Columella oder Palladius untergebracht waren. Die Hausherrin dürfte dagegen einen Bereich mit Stuhl, Tischchen, Schminkutensilien und Schmuckkästchen gehabt haben. Schmuckkästchen scheinen derart beliebt gewesen zu sein, dass es sie in fast unveränderter Form und Grösse bis in Spätantike und sogar Frühmittelalter gab. Für Geräte- oder Lagerräume, „cella" genannt, gab es Holzregale. Reihen eiserner Wandhaken, an denen Werkzeuge und Küchengerät an der Wand aufgereiht waren, sind durch bildliche Darstellungen nachgewiesen.

Baden in römischer Zeit ...

Mediterrane Thermentechnik am Bodensee

Römische Badeanlagen fanden sich am Bodensee beispielsweise in Bregenz, Orsingen, Eschenz, Hohenfels-Liggersdorf, Überlingen-Bambergen oder Kressbronn-Betznau. Auch zu kleineren römischen Landgütern gehörte fast immer auch ein Badegebäude. Funde von Ziegeln von Hypokaustsäulchen und Hohlziegeln mit Hitzespuren belegen, dass Gebäudeteile beheizt waren. Mit Baden, wie wir es heute kennen, hat dies jedoch nur bedingt etwas zu tun. In römischer Zeit existierte eine Badekultur, die gewisse Ähnlichkeit mit der nachmaliger, orientalischer Dampfbäder hat. Kennzeichnend ist der Wechsel von Kalt-, Lauwarm- und Heissbädern. Die Abfolge lässt sich anhand der Anordnung der verschiedenen Baderäume erläutern: Zuerst legte der Badende im Apodyterium (Umkleideraum) seine Kleider ab. In kleinen Villenbädern mag dies auch im Kaltbaderaum (Frigidarium) geschehen sein, falls keine angebauten hölzernen Umkleideräume vorhanden waren. Dann badete er im unbeheizten Frigidarium (Kaltbad). Danach betrat er das Tepidarium (lauwarmer Raum), das auch zur Akklimatisierung beim Wechsel zwischen den unterschiedlich temperierten Abteilungen diente. Von hieraus gelangte er in das beheizte Caldarium (Heissbad) mit Wannen voll heissen Wassers. Um sich nicht die Füsse auf dem 50-60 °C heissen Boden zu verbrennen, trug man Holzpantoffeln. Grössere Thermen und Badegebäude wurden bereits im 19.Jahrhundert in Bregenz, Orsingen und Eschenz entdeckt. Auch zum spätantiken Kastell von Arbon gehörte ein Bad. 1913 wurden beispielsweise in Kressbronn-Betznau Teile eines beheizten Gebäudes angegraben. Man entdeckte einen Boden aus römischem Gussbeton, auf dem neun Reihen von 60 cm hohen, grob behauenen vierkantigen Säulchen aus Sandstein ruhten. Auf einigen befanden sich noch 30 cm x 60 cm grosse rechteckige Deckplatten. Die Deckplatten waren ihrerseits mit einem 30 cm dicken Terrazzoboden bedeckt. Im Schutt lagen auch Reste von roten, grünen und orangegelben Wandmalereien. Anhand der Reste dieser Heissbäder kann das Konstruktionsprinzip einer antiken Fussbodenheizung, der sogenannten Hypokaustheizung, erklärt werden: Vom Praefurnium aus, einem kleinen tiefergelegten Heizraum ausserhalb des eigentlichen Gebäudes, wurde die Anlage befeuert. Da der Fussboden selbst auf kleinen niedrigen Pfeilern ruhte, konnte sich die Warmluft unter dem Raum verteilen und den Bereich darüber erwärmen. Durch eine Wandverkleidung aus hohlen Ziegeln stieg die heisse Luft in den Wänden auf, wodurch auch Wärme zur Seite abgestrahlt wurde. Die Hohlziegel besassen zur besseren Haftung auf dem Putz ein eingeschnittenes Schachbrettmuster. Oberhalb der Wände befanden sich kleine Rauchabzugsöffnungen, durch die die Luft nach draussen entweichen konnte. Über dem Heizbereich war häufig eine Art Heisswasserboiler aus Metall, „testudo" genannt, oder ein ziegelgemauertes Heisswasserbecken angebracht, die durch die Abwärme der Feuerstelle mit erwärmt wurden. Durch geschickte Anlage der Räume nutzte man die Wärme optimal aus, so dass das Lauwarmbad nur wenig und das Kaltbad kaum erwärmt wurde. So konnte der Badende durch den Wechsel zwischen den Sektionen die so typisch römische Badeabfolge zwischen unterschiedlich heissen Badabteilungen geniessen.

Zwischen Opferfest und Steuereintreiber ...

Alltag am römischen Bodensee

Der Alltag der römischen Bewohner der villae rusticae am Bodensee dürfte durch die Notwendigkeiten des landwirtschaftlichen Betriebes und den Wechsel der Jahreszeiten geprägt gewesen sein. Abwechslung boten eine Reihe religiöser und weltlicher Feiertage und Ereignisse. Im zweiten Jahrhundert n. Chr. spielte das Christentum in unserer Region noch keine Rolle. Folglich waren alle heutigen christlichen Feiertage, die den Lauf unseres modernen Jahres bestimmen, wie Ostern, Pfingsten, Weihnachten oder Sylvester unbekannt. Der antike römische Jahres-Kalender war trotzdem reich an Festen und Gedenktagen. Durch das Gedicht „fasti" des antiken Poeten Ovid, weitere literarische Quellen und antike Kalenderinschriften sind nahezu alle wichtigen Feste des stadtrömischen Jahreskreises bekannt. Auch wenn die Bevölkerung unserer Regio wohl nicht alle stadtrömischen Festtage feierte und sicherlich zusätzliche nichtrömische Feiertage kannte, so dürfte der römische Jahreskalender doch auch die Grundlage ihres Lebens gebildet haben. Seit der Zeit des Augustus verwendete man im römischen Reich die auch noch heute gebräuchliche Jahreseinteilung mit den uns vertrauten Namen für die zwölf Monate. Der Monat selber wurde jedoch traditionell nicht in Wochen, sondern in drei Abschnitte („kalendae", „ides" und „nonae" genannt) eingeteilt. Alle acht Tage war Markttag („nundina"). Eine Einteilung nach Wochentagen war primär im griechischen Osten verbreitet. Erstmals unter Kaiser Augustus wird eine sieben Tage Woche mit Dies Lunae, Martis, Mercuri, Jovis, Venereis, Saturnae und Dies Solis erwähnt, die sich jedoch nicht in allen Regionen des römischen Weltreiches durchsetzte. Wochenenden oder arbeitsfreie Wochentage gab es hierbei jedoch nicht. Dem gegenüber war das Arbeiten an einigen hohen religiösen Feiertagen (dies ferialis) verboten. Noch aus den Ursprüngen des archaischen römischen Bauervolkes stammen zahlreiche Festtage, die mit Bitten für gute Ernten, dem Schutz des bäuerlichen Anwesens vor bösen Mächten oder Erntedank zusammenhängen. Die zweite grosse Gruppe der Feiertage (wie Parentalia oder Lemuria) bezieht sich direkt oder indirekt auf Kult und Verehrung der Geister der Toten und Ahnen im Speziellen. Weitere Feste waren beispielsweise Saturnalia, Lupercalia oder Equiria. Auch Feste lokaler Gottheiten, andere regionale Bräuche und orientalische Kulte, wurden von einem begrenzten Teilnehmerkreis begangen. Mit eher gemischten Gefühlen dürften die Villenbesitzer dem Eintreffen von Steuerschätzern und Steuereintreibern entgegengesehen haben. Wie schon in der biblischen Geschichte von der Geburt Jesu erwähnt, waren Steuerschätzungen, wie der in regelmässigen Abständen durchgeführte Provinzial-Census ein grosses Ereignis für die Provinzialbevölkerung. Um keine staatlichen Kräfte zu binden, verpachtete der römische Staat das Recht für ihn Steuern zu kassieren. Der Steuerpächter musste einen festgesetzten Betrag an den Staat abführen. Wenn er mehr kassierte, was er durchaus durfte, konnte er diese „Mehreinnahmen" als eine Art „Aufwandsentschädigung" behalten. Nicht wenige, vorher hochverschuldete, in eine Provinz entsandte Statthalter kehrten als reiche Leute nach Rom zurück, nachdem sie diese „verwaltet" hatten.

Mos maiorum und virtus ...

Mentalität und Wertesystem der Antike

Aufgrund des unterschiedlichen kulturellen Hintergrundes der zahllosen im Römerreich lebenden Völker unterschieden sich die Einwohner dieses antiken Weltreiches erheblich in Mentalität, Wertesystem und Moralvorstellungen. Dennoch gab es genaue Vorstellungen, wie sich ein idealer, moralisch integerer Römer zu benehmen habe und mit zunehmender Romanisierung glichen sich die Wertesysteme zwischen Schottland und Marokko, Portugal und dem Irak an.

Die wichtigste Quelle des ungeschriebenen Verhaltenskodexes waren für einen Römer die mos maiorum - die Sitten der Vorväter. Nach deren Gebräuchen sollte man handeln. Dies bedeutete, neben anderem, bedingungsloser Gehorsam gegenüber traditionell legitimierten staatlichen und sozialen Autoritäten, Verehrung der Vorfahren und Respekt vor althergebrachten Werten und Traditionen. Im Gegensatz zur modernen heutigen Welt, in der der Begriff „neu" - (lat. novus) gleichzeitig auch unterschwellig „gut", „fortschrittlich" und „innovativ" bedeutet, hatte er für einen Römer einen verächtlichen, ja bedrohlichen, negativen Beigeschmack. Ein „homo novus", ein „neuer Mensch" war ein verachtenswerter Emporkömmling, der keine Familientraditionen kannte und „neue Dinge" (lat. res novi) setzte der Lateiner mit einem terrorartigen Umsturz der althergebrachten Ordnung gleich. Traditionsbewusste, moralisch denkende Römer, wie der ältere Cato (234-149 v. Chr.) verteidigten ihre Werteordnung vehement und versuchten sie mit aller Gewalt zu erhalten. Auch das augusteische Kaiserhaus sah sich als konservative, die alten Werte fördernde Institution. Doch dürfte die einfache ländliche Bevölkerung

der mittleren Kaiserzeit des Bodenseeraumes dies als antiquiert und überspitzt betrachtet haben. Ein Leben voller Mässigung und Verzicht, wie es der alte Cato noch forderte oder das stoische Ideal von Ertragen und Entsagen und sich einer strengen Ordnung zu fügen, entsprach im 2. und 3. Jahrhundert n. Chr. nicht mehr dem Zeitgeist. Zeichen für das Streben der ländlichen Bevölkerung unseres Raumes nach Luxus und Wohlstand sind die zahlreichen beheizten Badeanlagen, die Vorliebe für teures importiertes Luxusgeschirr, Amphorenfragmente als Indiz für den Konsum importierter Weine und Delikatessen, gläserne Balsamarien für teure Duftessenzen und Schmuckgegenstände aus Edelmetall. In Anbetracht von Seuchen, Krankheiten und Kriegen und einer eher geringeren Lebenserwartung als heute, genoss man das Leben ... solange man es noch konnte. Trotz ostentativ präsentierter Lebensfreude war der Tod integraler Bestandteil des Lebens und wurde nicht, wie in unserer heutigen Gesellschaft, verdrängt. Verstorbene Familienmitglieder blieben Teil der Gemeinschaft. Auf einem Hausaltar verehrte man sie als Autorität und Schutzgeist, bat sie um Schutz für die Familie oder Rat bei wichtigen Entscheidungen. Mittelpunkt des Lebens war die Familie, hierarchisch dem ältesten männlichen Familienmitglied, dem „pater familias" untergeordnet. Daneben existierte eine grosse Anzahl standes- und zunftartiger Zusammenschlüsse und Vereine (lat. collegia) und in einer Zeit ohne Sozialversicherung ersetzten diese zusammen mit familiären Bindungen die fehlende soziale Absicherung.

Kinder spielen ...

Zeitvertreib kleiner Römer

Auf ländlichen Anwesen mussten Kinder sicher auch im elterlichen Betrieb mithelfen. Dass dabei genug Zeit zum Spielen blieb, zeigen Reste von Spielgerät, die gefunden wurden. Funde von Würfeln und Spielsteinen aus römischen Siedlungen des Bodenseeraumes zeigen, dass diverse Brett- und Würfelspiele bekannt waren. Säuglinge besassen eine Kette, „crepundia" genannt, mit metallenen Anhängern, wie Blumen, Werkzeugen und unheilabwehrenden Glückssymbolen, die beim Schütteln klimpernde Geräusche machte. Daneben sind auch bronzene Rasseln, Glöckchen und Tamburine mit Schellen aus der Antike bekannt. Kleinere Kinder besassen Holzpferdchen auf Rädern. Der römische Dichter Horaz erwähnt, dass Kinder kleine Häuser - wohl aus Bausteinen - bauten. Daneben gab es kleine Modelle aus Ton oder Blei von Menschen, Tieren und Werkzeugen und sogar Spielzeuggeschirr. Will man nicht annehmen, dass hier immer ein religiöser oder kultischer Zusammenhang (aus dem Totenbrauchtum) vorliegt, so dürften solche Dinge auch als Spielzeug gedient haben. Mädchen spielten mit Gliederpuppen, von denen nur die wertvolleren aus Bein erhalten sind, während hölzerne Exemplare und deren Kleidung vergangen sind. Die meisten Funde von Holz- oder Beinpuppen stammen aus dem mediterranen Raum. Das bekannteste Beispiel ist die Gliederpuppe der Crepereia Tryphaena. Die Existenz von Miniaturgefässen in Siedlungen kann mit der Verwendung scharfer, besonders intensiver oder sehr teurer Würzmischen, die nur in kleinen Mengen auf den Tisch gelangten, oder spezieller Kinder- oder Puppengedecke erklärt werden. Bei Beigabe in Erwachsenengräbern dürften hingegen bestimmte Jenseitsvorstellungen massgeblich sein. Ein interessanter Fund stammt aus der villa von Stuttheien-Hüttwilen, wo die Miniatur-Aucissafibel gefunden wurde, die aufgrund ihrer Grösse wohl für eine Puppe gedacht war. Bekannte Haustiere und Spielgefährten von Kindern sind in römischer Zeit Hunde, Katzen, Vögel, wie beispielsweise Enten oder Gänse und vereinzelt auch Affen. In der römischen Literatur wird erwähnt, dass Kinder Mäuse und Kleine Katzen in Miniaturwagen und Kutschen setzten. Ballspiele und Reiten auf Steckenpferden waren verbreitet. Jungen spielten auch mit Holzschwertern. Grössere Kinder und Erwachsene spielten eine grosse Anzahl von verschiedenen Brett- und Würfelspielen, die beispielsweise „astragalos", „tali", „topa", „dice tesserae", „terni lapili" oder „latrunculi" hiessen. Bei „latrunculi" (lat. kleine Räuber), einer Art römischem Schach, spielten beispielsweise zwei Spieler auf einem meist 8 x 12 Felder grossem schachbrettartigem Spielfeld mit je acht Soldaten und einem König gegeneinander. Kinder abgelegener Gutshöfe wurden vermutlich von den Eltern unterrichtet. Für Kinder von Eltern, die Schulgeld bezahlen konnten, gab es ein privates Schulsystem. Eine Klasse umfasste meist um die 12 Schüler. Die Lehrer waren oft griechische Sklaven. Geschrieben wurde auf Wachstafeln. Die Schule ging bis zum 11. Lebensjahr. Danach gingen die Kinder der Mittelschicht noch auf eine Art Oberschule, wo Latein, Grammatik und Literatur vertieft studiert wurden. Nur Kinder der Oberschicht erhielten ab dem 16. Lebensjahr eine Ausbildung zum Redner, um am politischen Leben teilzunehmen.

So kleidete man sich ...

Mode, Kleidung und Schmuck vor 1750 Jahren am Bodensee

Wenn sich zwei Römer trafen, so begrüsste man sich mit der Formel „Quid novi" - „Was gibt es Neues?"

Die Damen und Herren auf den Landgütern interessierten sich stets für Neuigkeiten aus der fernen Hauptstadt. Wie zahlreiche Darstellungen zeigen, wechselte dort die Frisurenmode der Frauen sehr schnell und ähnliche Tendenzen lassen sich für andere Modebereiche und bestimmte Kleidungsaccessoires ausmachen.

Ein Vergleich zwischen Rom und den römischen Gebieten nördlich der Alpen zeigt, dass sich in der Antike trotz der Zugehörigkeit zu einem Staat durchaus doch auch deutliche regionale Unterschiede in Kleidung und Schmuck ausmachen lassen. Bildliche Darstellungen der Bewohner einer bestimmten Region und Funde metallener Kleidungsaccessoires erlauben es beispielsweise die typische Tracht an Mittelrhein oder mittlerer Donau im ersten Jahrhundert nach Christus herauszuarbeiten.

Für die Art und Weise, wie man sich am Bodensee vor fast 2000 Jahren kleidete, sieht die Quellenlage erheblich schlechter aus. Zum einen fehlen aus unserer Regio steinerne Denkmäler, wie zum Beispiel Grabsteine mit der Darstellung der Verstorbenen, die uns so Abbildungen der Bewohnerdes Bodenseeraumes in ihrer typischen Bekleidung überliefern könnten. Zum anderen sind aus der Bodenseeregion kaum aussagekräftige Funde von Trachtbestanteilen aus dieser Zeit bekannt. Erheblich besser ist die Quellenlage für die Zeit um 233 n. Chr. der, aufgrund der damals sehr unruhigen Zeiten, im weiteren Umfeld des Sees zahlreiche Versteckfunde von römischem Schmuck bekannt geworden sind, die aufgrund teilweise

mitgefundener Münzen datiert werden können.

Schmuck enthielten die Schatzfunde von Rembrechts (RV), Wiggensbach (KE), Rettenberg-Freidorf (OA), Hettingen (SIG) und Obfelden-Lunnern (Kt. Zürich). Rembrechts gehört zur Gemeinde Haslach im Landkreis Ravensburg und liegt zirka sieben Kilometer von Wangen entfernt, westlich der Argen.

Nach Ausweis der Funde aus diesen Hortfunden gehörten zur Schmuckausstattung einer Frau des Bodenseeraumes zu dieser Zeit Armreifen, Halsketten, Fingerringe, Lunula-Anhänger, Zierscheiben, Omegafibeln, Scheibenfibeln und Ohrringe. Die modebewusste Dame des Bodenseeraumes trug damals ein Paar Armreifen an den Handgelenken. Die Finger waren mit mehreren Fingerringen geschmückt, wobei man zwei zu einem Stück zusammengelötete Doppelringe und Ringe mit Drahtumwicklung bevorzugte. Um den Hals trug die Frau meist mehrere Halsketten, an denen zusätzlich lunulaförmige Anhänger aus Silber hingen. Sehr markant sahen sicher grosse, mit konzentrischen Kreisen und kleinen aufgesetzten Kegeln geschmückte Zierscheiben aus, die die Damen auf der Brust trugen. Die Kleidung wurde häufig mit einem Paar Omegafibeln oder ähnlichem zusammengehalten. Sehr archaisch dürften grosse halbkugelige Scheibenfibeln mit vegetabilem Rankendekor aus aufgelötetem Silberdraht und Granulation gewirkt haben, die die Frauen gut betuchter Landgutsbesitzer paarweise auf der Schulter trugen. Ein Paar Ohrringe mit zusammengelöteten kugelförmigen Anhängern komplettierten die Schmuckausstattung.

Pferdewagen, Strassen und Brücken

Verkehr auf römischen Strassen

Römische Fernstrassen waren hervorragend ausgebaut. In regelmässigen Abständen gab es Rasthäuser, sogenannte „mansiones". Am Weg lagen zudem kleine Strassendörfer, „vici" genannt und Polizeistationen, in denen speziell ausgebildete Soldaten, beneficarii" genannt, für die öffentliche Ordnung sorgten. Gereist wurde mit Pferdewagen oder zu Fuss. Die Strassen unserer Region waren zwischen 4 m und 6 m breit und besassen an beiden Strassenrändern kleine Spitzgräben. Der Strassenkörper bestand aus einer Steinpackung, auf der der anstehende Kies der Umgebung als Fahrbahnbelag aufgeschottert war. Sehr typisch für römerzeitliche Strassen sind deshalb Materialentnahmegruben am Strassenrand. Mit dem hier entnommenen Material wurde der Strassenkörper errichtet und später auch ausgebessert. Der genaue Verlauf der Römerstrassen am Bodensee ist bis heute nicht genau erforscht. Durch das Itinerarium Antonini, einer Strassenbeschreibung des Jahres 280 n. Chr. ist zumindest eine Strecke von Ad fines (Pfyn) bzw. Tasgaetium (Eschenz), über Arbor felix (Arbon) und Ad Renum nach Brigantium (Bregenz) bekannt. Aufgrund der Datierung um 280 n. Chr. ist die um 260 n. Chr. schon verlorene, wohl unwichtigere Nordverbindung nicht aufgeführt, wodurch Verlauf und Namen, der an der Strasse gelegenen vici und mansiones verloren gegangen sind. An jenen Stellen, an denen die Strassen einen Fluss querten, ist eine Brücke, zum Teil mit einem kleinen Marktflecken (vicus) oder einer Strassenstation (mansio) zu deren Unterhalt, anzunehmen. Römische Brückenanlagen sind beispielsweise aus Eriskirch und bei Eschenz (über die Insel Werd führend) bekannt. Weitere sind Brücken mit kleinen vici oder mansiones sind bei Konstanz (am Ausfluss des Untersees) (confluentes), nahe Rheineck im Bereich des Alpenrheines (Ad Rhenum) oder nordwestlich von Langenargen über die Argen (Ad Arguna) anzunehmen. Die mehrphasige römische Brücke von Eriskirch wurde 1906 bei der Schussenbegradigung im Durchstich eines der Altarme zwischen Eriskirch und Mariabrunn entdeckt. Ungefähr 450-500 m nördlich der Brücke über die Schussen erstreckten sich in zirka zwei Meter Tiefe drei Pfahlfelder über eine Breite von 50 m mit insgesamt 137 Pfählen. Die nördlichste und mittlere Pfahlgruppe hatte eine Ausrichtung von NW nach SO, während die südlichste N–S-orientiert war. Aufgrund der begrenzten Haltbarkeit von Holzbrücken musste der Übergang wohl mehrmals erneuert werden. Interessant ist in diesem Zusammenhang, dass zwei unterschiedliche Ausrichtungen festgestellt werden konnten. Hier dürfte der Kreuzungspunkt der Bodenseegürtelstrasse mit der Donau-Bodensee-Verbindung gewesen sein. Westlich des Röckenhofes konnte in Richtung der südlichsten Pfahlreihe in 40 cm Tiefe ein Kiesband von 25-30 cm Dicke nachgewiesen werden. Möglicherweise handelt es sich um die Reste der zugehörigen Strasse. Eine kaum zu unterschätzende Bedeutung hatte der Schiffsverkehr in römischer Zeit, da der Transport auf dem Wasser nur ein Zehntel dessen auf dem Land kostete. Vor diesem Hintergrund ist in der Antike auf dem Bodensee mit regem Schiffsverkehr zu rechnen. Umso erstaunlicher ist es, dass bis zum heutigen Tag keine römischen Schiffswracks im Bodensee gefunden wurden und römische Hafenanlagen nahezu unerforscht sind.

Lastkähne, Ruderer und Segelschiffe

Schiffahrt am Bodensee in römischer Zeit

Eine kaum zu unterschätzende Bedeutung hatte der Schiffsverkehr in römischer Zeit, da der Transport auf dem Wasser nur ein Zehntel dessen auf dem Land kostete. Umso erstaunlicher ist es, dass bis zum heutigen Tag keine römischen Schiffswracks im Bodensee gefunden wurden und römische Hafenanlagen am Bodensee in grösserer Zahl unbekannt sind. Obwohl der Bodensee einer der grössten Seen Europas (und auch des römischen Reiches) ist, ist über die zivile Schiffahrt in römischer Zeit so gut wie nichts bekannt. Weder Schriftquellen, noch bildliche Darstellungen von Schiffen oder Schiffswracks haben sich erhalten. Trotz massiver Fortschritte der Unterwasserarchäologie, konnte noch keines der Schiffswracks im Bodensee als römerzeitlich identifiziert werden. Aufgrund der Bedeutung der Schiffahrt für den Warenverkehr in der Antike, der Grösse des Gewässers und dem Vorhandensein zahlreicher schiffbarer Zu- bzw. Abflüsse, muss mit regem Schiffverkehr in römischer Zeit gerechnet werden. Hafenanlagen dürften sich in Bregenz, Arbon, Konstanz (zwischen Münster und Insel), Eschenz (zwischen Ufer und Insel Werd), Lindau, Langenargen und Eriskirch befunden haben. In Eriskirch dürfte eine Flussschleife als sturmsichere Schiffsanlegestelle gedient haben. Kriegsschiffe wurden als „navis longa" bezeichnet, während Last- und Transportschiffe „navis oneraria" und kleine Boote „navigiolum" genannt wurden. In der Antike unterschied man grundsätzlich nach Art der Konstruktion des Schiffskörpers zwischen „Langschiffen" und „Rundschiffen". Während schwere grosse Ruderer und Lastkähne zu den „Langschiffen" gehörten, besassen hochseetüchtige Segelschiffe einen abgerundeten Kielverlauf. Am Bodensee muss mit schweren Lastkähnen und Treidelschiffen zum Transport schwerer Massengüter, wie Ziegel oder Steinmaterial sowie mit Ruderbooten und Segelschiffen zum Transport von Personen und hochwertigen Gütern gerechnet werden. Einen kleinen Einblick in Aussehen römischer Binnenschiffe erlauben bildliche Darstellungen von Flussschiffen aus dem Bereich der heutigen Mosel. Nach den Abbildungen zu urteilen, glichen die Schiffe technisch und optisch jenen, die im Mittelmeer verkehrten. Nimmt man diese Grundformen, die sich wohl seit hellenistischer Zeit kaum veränderten, so sah ein römerzeitliches Schiff auf dem Bodensee folgendermassen aus: Der Rumpf war vorne und hinten (Heck) erhöht. Vorne befand sich eine Volute oder seltener ein nach vorne gerichteter Tierkopf. Hinten endete das hochgezogene Heck in Form eines nach vorne blickenden Tierkopfes. Das Steuerruder befand sich seitlich an der hinteren Seitenwand. In der Mitte des Schiffes war ein Mast mit Querbaum und Rechtecksegel. Um auch bei Windstille fahren zu können, besassen die meisten Schiffe auch Ruder, welche den grösseren ein galeerenähnliches Aussehen verliehen. Um den Wiederstand im Wasser zu verringern, verfügten auch zivile Schiffe über eine prora - ein sogenannter Schiffschnabel. Manche Schiffe dürften im Frontbereich geschnitzte oder aufgemalte Augen gehabt haben, die wie der Tierkopf Unheil von Schiff und Besatzung abwehren sollten. Kajütenartige Aufbauten in Schiffsmitte oder Heck sind von bildlichen Darstellungen des Meereshafens von Ostia bekannt.

Amphoren, Dolien und Holzfässer...

Transport und Lagerung in der Antike

Sowohl in Bregenz, Arbon, Orsingen, Eriskirch, Eschenz und Mühlhausen-Ehingen sind grosse römerzeitliche Vorratsgefässe aus Ton für Transport und Lagerung von unterschiedlichsten Lebensmitteln, wie Fischsauce, Wein und Olivenöl ans Tageslicht gekommen. Für Transport und Lagerung von Lebensmitteln verwendete man Amphoren und Dolien, aber auch Holzfässer. Vereinfacht ausgedrückt sind Amphoren grosse Vorratsgefässe mit zwei Henkeln und Dolien solche ohne. Da die meisten Amphorenformen einen spitzen Boden aufwiesen, wurden sie entweder im Keller an eine Wand gelehnt oder mit dem spitzen Unterteil in aufgeschütteten weichen Sand gesteckt. Bei Gastmählern im Hause stellte man sie in ein besonderes Haltegestell aus Metall, die „incitega", damit sie nicht umfielen. Daneben existierten auch sogenannte gallische Amphoren, die zweihenkligen Krügen glichen, einen Standboden hatten und dem Transport von Wein dienten. Die Amphorenform erlaubt Rückschlüsse auf die Art und Herkunft der transportierten Lebensmittel. Aus dickwandigen, rundbauchigen, nahezu kugeligen Amphoren belieferten zum Beispiel Produzenten im heutigen Spanien die antike Welt mit Oliven. Wein und Garum, eine antike Würzsosse aus fermentierten Fischen, wurden in schlanken Amphorentypen transportiert. Daneben variierte je nach Herkunftsregion auch Gestalt, Rand- und Bodenform von Transportgefässen trotz gleichen Inhaltes, was weitere Rückschlüsse auf die Herkunft, der im Bodenseeraum konsumierten Lebensmittel ermöglicht. Die Amphorenfunde aus dem Bodenseeraum zeigen, dass die römerzeitlichen Bewohner am See auch Wein, Oliven und andere Produkte aus dem mediterranen Raum schätzten und genossen. Neben dem Konsum von Weinen des Mittelmeerraumes und der Verwendung von Früchten aus allen Teilen des römischen Weltreiches belegen die Amphorenfunde auch Verkehrs- und Warenströme in und durch die verkehrsgeographisch günstig gelegene Bodenseeregion mit ihren schiffbaren Wasserwegen. Während die gefundenen Amphoren aus dem Mittelmeerraum stammten, dürften die ebenfalls häufig gefundenen Dolien aus feinem, sandigem Ton, in der Regio selber nach mediterranen Vorbildern hergestellt worden sein. Neben den mediterranen Amphoren existierte eine Vielzahl weiterer topf- bis tonnenförmiger Vorratsgefässe, deren Gestalt und Randformen wohl durch Konsistenz der gelagerten Substanz und Form des verwendeten Deckels oder Stopfens beeinflusst wurde. Bei den Dolien mit horizontalem Rand und den Tonnen mit kurzem steilem Rand kann man sich gut die Form der damals gebräuchlichen Holz- und Tondeckel vorstellen, die die Lebensmittel gegen Verderb und vor Ungeziefer und Nagetieren schützten. Etwas kleinere, mit zwei ösenartigen Henkeln versehene Töpfe werden von Archäologen als „Honigtöpfe" bezeichnet und fanden sich besonders gehäuft in der römischen villa rustica von Stutheien-Hüttwilen im Thurgau. In Eschenz im Thurgau, dem antiken Tasgaetium, am Ausfluss des Bodensees haben sich dank der Lagerung in feuchten Böden auch Teile von antiken Holzfässern erhalten, in denen vielleicht Wein, Bier oder andere flüssige Substanzen transportiert wurden.

Non olet ...

Römisches Geldwesen

Das römische Geldwesen entstand nach dem Vorbild der griechisch-hellenistischen Welt. Nachdem in Roms Frühzeit noch gegossene Kupferbarren und etwas später schwere gegossene Bronzemünzen im Umlauf waren, führte man um 211 v. Chr. eine Silbermünze namens Denar ein, die fast 500 Jahre das wichtigste Zahlungsmittel blieb. Untereinheit war eine Kupfermünze namens Ass. Als im ersten Jahrhundert die ersten römischen Siedlungen am Bodensee entstanden, war diese Kupfermünze mit der Bezeichnung As eines der kleinsten Geldstücke. Weitere Nominale waren der Sesterz aus Messing (Wert: 4 Asse), der Denar aus Silber (Wert: 16 Asse) und der Aureus aus Gold (Wert: 25 Denare). Daneben gab es weitere Stückelungen, wie den Semis (Wert: ½ As) und den Quadrans (Wert: ¼ As). Zur Behebung von Kleingeldmangel wurden As-Münzen teilweise auch halbiert und hatten dann die Kaufkraft eines Semis.

Ein Legionar erhielt zu dieser Zeit 225 Denare Jahressold, also weniger als 10 Asse pro Tag. Hiervon konnte er sich zirka fünf Liter Wein oder fünf Kilogramm Getreide kaufen. Doch schon eine Schüssel aus Terra Sigillata kostete mehr als zwei Tageslöhne. Da die immensen Kosten des Militärapparates zur Sicherung der Aussengrenzen und allfälliger Auseinandersetzungen im Inneren, wie im Äusseren durch Ausprägung minderwertiger, untergewichtiger Münzen mit geringerem Edelmetallanteil finanziert wurden, setzte in Krisenzeiten stets ein rapider Wertverfall der Währung ein. Nach einer Vielzahl von Währungsanpassungen wurde in der Spätantike das Währungssystem grundlegend umgestellt. Unter Diocletian wurde im Jahre 294 n. Chr. eine grosse Münzreform durchgeführt mit dem Follis oder Nummus und deren Teilstücken als kleinste Bronzemünzen mit Silbersudüberzug, dem Argenteus, der in Gewicht und Feingehalt dem Denar entsprach als Silbermünze und dem Aureus zu 1/60 eines römischen Pfundes. Auch nach Abschaffung des Denares wurde dieser im Behördenverkehr jedoch weiter als virtuelle Recheneinheit beibehalten. Die Herrscher des Constantinischen Kaiserhauses führten 309 n. Chr den Solidus als Goldmünze und und die Siliqua (1/24 Solidus) und Miliarense (1/18 Solidus als Silbermünzen ein. Später kamen noch Maiorina, Cententionalis und Halbcententionalis als Bronzemünzen mit Silbersud hinzu. Während frühe römische Münzen noch gegossen wurden, waren die Münzen der Kaiserzeit geprägt. Speziell ausgebildete Handwerker gravierten hierfür die Münzbilder von Vorder- und Rückseite getrennt mit einem Stahlstichel in negative Prägestempel ein. Beim Prägevorgang wurde ein vorher abgewogenes Stück Münzmetall auf die, in eine stabile Unterlage eingelassene Unterseite gelegt, die an der Spitze eines Eisenkeiles eingelassene Oberseite darauf gehalten und mit einem Hammerschlag auf einmal beide eingeprägt.

In römischer Zeit dienten Münzen nicht nur als simples Zahlungsmittel. Oft genug wurden sie von den Herrschenden auch als Propagandamittel gebraucht, so dass sich in ihnen ganze politische Programme wiederspiegeln. Die Kaiser liessen sich auf ihnen als Retter der Nation, Wiederhersteller alter Macht und Grösse und Sieger über feindliche Stämme feiern.

Reibschalen und Kräutersossen...

Speisenzubereitung vor fast 2000 Jahren

Neben zeitgenössischen literarischen Schilderungen von Gastmälern und einem kleinen antiken Buch über das Kochen „De re cocinaria", das einem römischen Feinschmecker namens Apicius zugeschrieben wird, sind es vor allem archäologische Funde von Kochgeschirr, Küchengerät und Essensabfällen, die Einblicke in antike Koch- und Speisesitten erlauben. Die Küche einer villa rustica muss man sich sehr einfach vorstellen. Auf den Gutshöfen jener Zeit kochte man über dem offenen Feuer. In der Bodenseeregion waren besonders Gefässe aus feuerfestem Speckstein als Kochgeschirr beliebt. Das wärmespeichernde und besonders hitzebeständige Gestein wurde im Alpenraum abgebaut und auf Drehbänken zu meist zylindrischen Gefässen gedreht. Die in Bregenz, Arbon oder Orsingen gefundenen Fragmente derartigen steinernen Lavezgeschirrs zeigen auch nach fast 2000 Jahren noch deutliche Russ- und Feuerspuren. Sehr typisch für den Bodenseeraum ist auch grob gemagertes tönernes Kochgeschirr, das kleine Splitter von Speckstein aufwies. Vielleicht versuchte man damit die Materialeigenschaften des Steines auf die Tongefässe zu übertragen. Teilweise imitierten die tönernen Kochgefässe zusätzlich Formen und Drehrillen des feuerfesten Specksteingeschirrs. Ein Herstellungszentrum derartigen Geschirrs lag in Eriskirch. Hier wurden Töpfe, Schüsseln und steilwandige Teller als Kochgeschirr hergestellt. Tellerartige Tonschalen dienten zum Backen, wobei hochwertige Stücke auf der Innenseite eine glatte, meist rötlichbraune Engobe aufwiesen - vielleicht liess sich durch diese glatte Beschichtung das Backgut leichter vom Tellerboden lösen. Zum Würzen benützte man beim Kochen „garum", eine Art fermentierte Fischsauce. Gesüsst wurde mit Honig, lateinisch „mel", oder einem sirupartigen Konzentrat aus süssem Traubenmost, das je nach Konsistenz und Grad der Eindickung „defrutum", „carenum" oder „sapa" genannt wurde. In der Schrift des Apicius werden zahlreiche Saucen erwähnt, in die bei Tisch Speisen getunkt wurden. Zur Herstellung derartiger Saucen verwendete man grosse Reibschüsseln, „mortaria" genannt. Auf der Innenseite eines mortariums wurden schon bei der Gefässherstellung kleine Kieselsteine eingedrückt, um Kräuter oder ähnliches an der Gefässwand zermahlen zu können. Um die so produzierte Flüssigkeit problemlos umschütten zu können, besitzen die meisten Reibschalen kleine Ausgiesser am Rand.

Daneben wurden diese Gefässe zum Mischen und Kneten von Teig benützt. Überliefert ist auch eine Art Kräuterpaste „moretum", die in derartigen Reibschalen hergestellt wurde, aus gesalzenem Frischkäse bestand und zum Frühstück gegessen wurde. Charakteristisch für den Bodenseeraum sind weisstonige Reibschalen mit einer durch profilierte umlaufende „Rippen" verzierten Aussenwand. Eine andere Sorte von Reibschalen, die man fand und die vor allem in der damaligen römischen Provinz Raetien verbreitet war, weist auf dem Kragen und oberen Teil des Innenrandes eine rote Farbschicht auf. Die grössten am Bodensee gefundenen Reibschalen sind bis zu 1,5 m gross.

Zahlreiche, im Bodenseeraum gefundene Reibschalen zeigen, dass man auch am See nach römischer Art die Speisen bereitete.

Wie man speisste...

Antike Tisch- und Speisesitten

In der Antike speiste man liegend auf sofaartigen Liegen, sogenannten Klinen. Da man sich hierbei mit einem Arm abstützte, war es kaum möglich, die Speisen selber zu zerteilen. Daher wurden diese schon zerkleinert aufgetragen oder vor den Augen der Gäste in kleine Stücke geschnitten. Folglich brauchte der Speisende kein Messer. Gegessen wurde mit den Fingern oder allenfalls mit einem Löffel („ligula" oder „cochleria" genannt). Essgabeln waren in der Antike nicht bekannt. Da mit den Fingern gegessen wurde, erschien bei Gastmählern von Zeit zu Zeit ein dienstbarer Geist mit Wasserkanne, Schale zu Auffangen des Wassers und Stofftüchern, damit sich die Speisenden die Hände reinigen konnten. Teilweise tunkte man die Speisen in auf dem Tisch bereitstehende kleine Näpfe mit Gewürzsaucen, um den Eigengeschmack zu übertünchen.

Die Römer kannten noch kein Porzellan. Als Tafelgeschirr diente meist eine glänzende, dunkelrot engobierte Keramik, die von der heutigen Forschung „Terra Sigillata" genannt wird und die ihren Ursprung im Mittelmeerraum hat. Neben „glatten" unverzierten sind auch reliefgeschmückte verzierte Terra-sigillata-Gefässe bekannt. Während die meisten Teller, Schälchen, kleinen Näpfe und Trinkhumpen keine Dekoration oder allenfalls aufgespritzte Tonkringel, sogenanntes „Barbotinedekor", aufweisen, sind besonders die grossen Schüsseln häufig mit umlaufenden Mustern versehen. Die Muster enthalten Ornamente in Gestalt von Menschen, Tieren und Pflanzen. Neben geometrischen Anordnungen gibt es auch regelrechte Bilderfriese, die Bezug auf das Leben der Antike nehmen und von Leben und Kultur der damaligen Zeit zeugen. Beliebt waren Darstellungen von Jagdszenen, Amphitheaterspielen, Liebesszenen oder Geschichten aus der griechisch-römischen Mythologie.

Meist aus regionaler Produktion stammt das schwarze Gegenstück zur Terra sigillata, die sogenannte „Terra nigra" - in unserem Raum auch helvetische Sigillataimitation genannt. Wer sich das teure Importgeschirr aus dem Mittelmeerraum nicht leisten konnte oder wollte, griff auf die wohl billigeren, schwarz engobierten, ähnlichen Stücke aus heimischer Produktion zurück.

Zum Auftraggeschirr gehörten verschiedene Platten, Schüsseln, Teller, Näpfe und Saucenschälchen. Für Auftragsplatten ist der antike Name „lanx" überliefert, Teller wurden vermutlich „catinus" genannt, kleine Näpfe hiessen wohl „acetabulum" während etwas grössere Exemplare mit „paropsis" bezeichnet wurden. Unter „acetabulum" verstand man zudem ein Mass von 0,068 l.

Nach einem Gastmahl (cena) fand häufig ein Trinkgelage (comissatio) statt. Im Alltag trank man Wasser, Schaf- oder Ziegenmilch, mit Wasser vermischten Wein oder „posca" – eine Mischung aus Essig und Wasser. Typische Formen des Trinkgeschirrs sind Becher, Kannen sowie Mischgefässe und Siebe für Gewürzwein.

Ab dem Ende des zweiten bzw. Beginn des dritten Jahrhunderts erfreuten sich vasenartige Trinkhumpen mit Standfuss grosser Beliebtheit, auf deren Dekorfeld teilweise Trinksprüche aufgemalt waren. Krüge mit ein oder zwei Henkeln wurden „lagoena" genannt, während Becher auch „poculum" hiessen.

Import vom Mittelmeer und lokale Produktion...

Antikes Geschirr am Bodensee

Funde antiker Keramik aus den römischen Siedlungen des Bodenseeraumes erlauben nicht nur Rückschlüsse auf Beginn, Schwerpunkt und Ende der römischen Siedlungtätigkeit, sondern auch darauf, wie die römerzeitlichen Bewohner speisten und lebten und aus welchen teilweise weit entfernten Gegenden sie Lebensmittel und Geschirr bezogen.

Generell kann man die Gefässarten nach ihrer Funktion in drei Hauptgruppen einteilen: Neben Gefässen für Transport und Lagerung und solchen für Kochen und Zubereitung gab es noch das eigentliche Speisegeschirr. Für Lagerung und Transport verwendete man vor allem Amphoren und Dolien. Zur Zubereitung der Speisen dienten mörserartige Reibschalen und Kochtöpfe aus Ton, Speckstein oder sogar Bronze. Das Speisegeschirr bestand unter anderem aus Tellern, Näpfen, Schüsseln und vasenartigen Trinkhumpen, die den Vergleich mit heutigen Erzeugnissen nicht zu scheuen brauchen. Daneben gab es noch Sonderformen für spezielle bestimmte Zwecke, wie Gefässe zur Herstellung von Käse, Tonlampen für Olivenöl zur Beleuchtung von Räumen oder Räucherkelche für Rauchopfer im religiösen Bereich und natürlich auch Baukeramik, wie Dachziegel, Ziegel für Fussbodenheizungen und Kamine aus Ton. Zu den nahezu imperiumsweit vertreten Töpfereien gehören primär solche von Amphoren, Tonlampen und Terra sigillata. Gewisse Formen lassen sich von Britannien bis nach Nordafrika und von der Iberischen Halbinsel bis nach Mesopotamien nachweisen. Daneben existierten jedoch auch zahlreiche Töpfereien, die primär den lokalen Markt belieferten.

Auch im Bodenseeraum können lokale Töpfereien aufgrund von Funden antiker Keramikbrennöfen oder ihrer nur lokal verbreiteten Produkte nachgewiesen werden. Funde von Töpferöfen gibt es beispielsweise aus Eschenz, Konstanz, Eriskirch oder Bregenz. Zu den Produkten jener lokalen Werkstätten gehörten unter anderem Steilrandtöpfe, Dolien, Tonnen mit Wulstrand und schwarz engobierte Rippenschalen. Auf einigen Stücken hatten die römischen Töpfer kleine plastische Schnörkel und ovale „Kleckse" aus Tonschlicker als Verzierung aufgebracht, die man als Barbotenedekor bezeichnet. Rote, braune oder schwarze Reste auf manchen Gefässaussenseiten zeigen, dass die feineren Gefässe zum Teil Überzüge aus farbiger Engobe besassen. Typisches Speisegeschirr unserer Region sind Helvetische Sigillataimitationen, sowie süd-, mittel- und ostgallische Terra Sigillata. Diese unscheinbaren Gefässfragmente sind Zeugen mediterraner Lebenskultur, von Koch- und Speisesitten jener römischen Bewohner, die vor fast 2000 Jahren am Bodensee lebten. Die im Bodenseeraum gefundenen Keramikscherben umfassen den Zeitraum von der Zeitenwende bis zum fünften Jahrhundert nach Christus. Gefässformen des gleichen Typs fanden sich beispielsweise nicht nur in der Ostschweiz, wie in Eschenz oder Stuttheien-Hüttwilen, sondern auch im Hegau, wie Orsingen, Engen-Bargen oder Büsslingen sowie viel weiter östlich in Überlingen, Mariabrunn, Eriskirch und Langenargen. Wie erwähnt, können je nach Funktion grundsätzlich Gefässe für Transport und Lagerung, Kochgeschirr und Tafelgeschirr unterschieden werden.

Vom DO VT DES ...

Religion und Göttervorstellungen der Antike

Aus dem Bodenseeraum sind auch einige römische Kultstätten und Tempel bekannt, von denen der grösste, imposanteste und bekannteste der Juppiter-Juno-Minerva-Tempel in Bregenz gewesen sein dürfte. Juppiter, Juno und Minerva galten als kapitolinische Trias und waren die Staatsgötter des römischen Reiches. In den römischen Göttern manifestieren sich weit in die Vorgeschichte zurückreichende Vorstellungen eines archaischen Bauernvolkes. Römische Götter waren zum Beispiel Mars, Janus oder Saturn, aber auch Personifikationen, wie Fortuna, Concordia, Fides, Victoria. Aufgrund des frühen Kontaktes mit der griechischen Welt gab es für die meisten römischen Götter je nach Eigenschaften und „Zuständigkeit" zudem eine Gleichsetzung mit griechischen Göttern (z.B. Venus-Aphrodite), was als „interpretatio romana" bezeichnet wird. Die Götterwelt im römischen Herrschaftsgebiet setzte sich jedoch nicht nur aus rein römischen Göttern zusammen, sondern auch aus einer Vielzahl weiterer, teilweise fremder oder lokaler Gottheiten, wobei häufig im Sinne der interpretatio romana eine Gleichsetzung mit römischen Göttern erfolgte. So wurde aus dem keltischen Heil- und Quellgott Grannus, der provinzialrömische Gott Apollo-Grannus. Im römischen Pantheon war Platz für alle. Ab dem 2. Jahrhundert n. Chr. kamen weitere mystische orientalische Erlösungsreligionen, wie der Mithraskult, hinzu, die von Soldaten aus dem Orient mitgebracht worden waren. So verehrte man lieber ein paar Götter mehr, als die Gefahr einzugehen, dass eine Gottheit, ob ihrer Ignorierung, erzürnt sei. Um derartige Probleme zu umgehen, weihte ein Händlerkollegium in Bregenz ihren Weihestein lieber gleich der Gesamtheit aller Götter. Die Verehrung erfolgte nach dem pragmatischen, römischen Prinzip des „do, ut des", (wörtlich: „Ich mache, damit Du [etwas] tust.") Man opferte den Göttern, erwartete aber auch dass diese Gegenleistungen erbrachten. Dieser sehr pragmatische Umgang mit Göttern konte auch fast schon skurrile Züge annehmen, wenn zum Beispiel die Römer bei der Belagerung einer feindlichen Stadt deren feindlichen Stadtgottheiten mit allerlei Versprechen opferten, damit diese zu ihnen „überlaufen" und die Stadt schutzlos preisgeben würden. Auch die Tempelarchitektur fremder Kulte wurde mitentlehnt. So unterscheiden sich die gallo-römischen Tempelbezirke von Bregenz und Orsingen deutlich von klassischen Podiumstempeln. Gallo-römische Umgangstempel besitzen einen turmähnlichen quadratischen Kernbau, der von Säulen und einem umlaufendem Pultdach umgeben ist. Neben den klassischen Göttern existierten nach antikem Verständnis noch zahlreiche Wasser- und Naturgottheiten, Nymphen, Geister und Fabelwesen. Wie zahlreiche Fluchtäfelchen und überlieferte magische Rituale der Antike bezeugen, war die antike römerzeitliche Bevölkerung sehr abergläubisch. In einer nach antiken Vorstellungen von Göttern, Geistern und Dämonen bevölkerten Umwelt galt es sich gegen allerhand Unheil zu versichern. Besonders fürchtete man den bösen Blick, Hexen und Zauberei. Ein Beispiel für derartige okkulte Praktiken stammt aus Eriskirch, wo eine intentionell deformierte und mit einem Zaubertäfelchen umwickelte Fibel gefunden wurde.

Hoffnung und Vergänglichkeit ...

Antike Nekropolen

Die klassische antike Welt glaubte an eine Schattenwelt unter der Erde, in der die Verstorbenen jenseits des Unterweltflusses Hades lebten. In der provinzialen römischen Gesellschaft gab es jedoch eine Vielzahl von Göttern und Jenseitsvorstellungen, die nebeneinander existierten. So kommt es, dass sich auch in den Gräbern unserer Region sowohl Zeugnisse römischer, als auch lokaler Jenseitsvorstellungen mischten. Da man an ein Leben nach dem Tode hoffte, wurden den Toten persönliche Gegenstände und Dinge des täglichen Lebens mitgegeben, damit es ihm im Jenseits an nichts mangele. Frauen erhielten teilweise Schminkutensilien und Schmuck, Männer für ihren Beruf notwendige Gegenstände und Werkzeuge, kleine Mädchen drückte man oft ihre Puppe in den Arm. Für das leibliche Wohl wurden Speise und Trank und oft ganze Geschirrsätze mitgegeben. Der Verstorbene wurde auf einem Scheiterhaufen verbrannt. Ein typischer Bestattungsplatz einer römischen Strassensiedlung wurde im März 2012 in Eriskirch aufgedeckt. In kleinen rundlichen Grabgruben fanden sich aufrecht stehende Tongefässe, die verbrannte menschliche Knochen und Reste der Beigaben, wie Essen oder Gegenstände des täglichen Lebens enthielten. Neben den Nekropolen der grösseren Orte, wie Bregenz oder Eriskirch, gehörten in unserer Region auch zu den römischen villae rusticae kleine Privatfriedhöfe, in denen die römischen Siedler ihre Verstorbenen bestatteten. Die Villennekropolen liegen zumeist etwas abseits des eigentlichen Gehöfts in Sichtweite einer Strasse, so dass man die geliebten Verstorbenen zwar in der Nähe hatte, aber die Geister doch nicht zu nah am Hause. Ein typischer Bestattungsplatz einer römischen villa rustica wurde bei Mochenwangen (RV) ausgegraben. Römische Siedlung und Friedhof sind durch einen Bach getrennt und zirka 300 Meter voneinander entfernt, wobei in nordöstlicher südöstlicher Richtung Strassen am Friedhof vorbeiführten. Der Bestattungsplatz bestand aus einer annähernd quadratischen Umfassungsmauer, in der sich vier kleinere, auch nahezu quadratische Grabbauten befanden. Das Grab eines Mannes, dessen Asche in einer gläsernen Kanne deponiert worden war, enthielt unter anderem Schildbuckel, Beil, Lanzenspitzen, zwei Bronzekannen, Reste eines Holzfässchens mit Bronzedeckel, zwei Fingerringe, einen Armring, einen Klappstuhl, eine Bronzelampe, verschiedene Fibeln sowie mehrere Münzen und Terra sigillata. Einem Kind wurden nicht nur Tongefässe, sondern auch zahlreiche Miniaturfiguren aus weissem Ton, darunter ein Lasttier mit Führer, eine weibliche Figur, mindestens sechs Pferde sowie weitere Tiere mitgegeben. Einfache Brandgräber sind aufgrund ihrer Unscheinbarkeit nur schwer zu entdecken. Meist wurde nach der Verbrennung des Toten der Leichenbrand vom Scheiterhaufen aufgelesen und in einem Gefäss in einer kleinen Grube bestattet. Durch Zufall wurde im Februar 1999 südöstlich von Mariabrunn beim Bau der B-31 eine derartige Bestattung entdeckt. Die Verfüllung der schmalen, kleinen Grube enthielt verbrannte, weissliche, kleine Knochenfragmente, schwarze Holzkohlestückchen, verbrannte römische Scherben und eine zu einem Rostklumpen korrodierte Eisenfibel.

A. Angst, Keltische Bauern, römische Herren, alamannische Eroberer. Zur Geschichte der Leutkircher Heide und ihres Umlandes in der keltorömischen und frühalamannischen Zeit (Leutkirch 1990).

J. Aufdermauer/F. Goetz, Römische Niederlassung bei Bodman. Ausgrabungsbericht mit Plänen aus dem Jahr 1686. In: H. Berner (Hrsg.), Bodman (Sigmaringen 1977) 65-68.

J. Aufdermauer, Ein römischer Gutshof von Tengen-Büsslingen, Landkreis Konstanz. Archäologie der Schweiz 9, 1986, 57-61.

K. Bachmann, Die Geschichte der ehemaligen Gemeinde Aeschach von den Anfängen bis 1922. Neujahrblatt des Museumsvereins Lindau 35 (Lindau 1995).

A. Bacmeister, Alemannische Wanderungen (Stuttgart 1867).

L. Bakker, Ausgewählte Gefässkeramik der frühen und späten Kaiserzeit aus Augusta Vindelicum - Augsburg. Forschungen zur Provinzialrömischen Archäologie in Bayerisch-Schwaben (Kallmünz 1985) 45-77.

G. Bersu, Die Lenensburg im Argental, O.A. Tettnang. Fundberichte aus Schwaben 21, 1913, 32-39.

G. Bersu, Heiligenhof Markung Betznau O.A. Tettnang. Römisches Bad. Fundberichte aus Schwaben 21, 1913, 58-59.

K. Bertsch, Das Schussental in vorgeschichtlicher Zeit. (Ravensburg 1956).

J. Biel, Vorgeschichtliche Höhensiedlungen in Südwürttemberg-Hohenzollern. Forsch. u. Ber. z. Vor- u. Frühgesch. i. Baden-Württemberg 24 (Stuttgart 1987).

K. Bittel/W. Kimmig/S. Schiek (Hrsg.), Die Kelten in Baden-Württemberg (Stuttgart 1981).

H. Brem/S. Bollinger/M. Primas, Eschenz, Insel Werd III. Die römische und spätbronzezeitl. Besiedlung (Zürich 1987).

H. J. Brem/J. Bürgi/K. Roth-Rubi, Arbon - Arbor Felix. Das spätrömische Kastell. Archäologie im Thurgau 1 (Frauenfeld 1992).

J. Bürgi, Pfyn - Ad Fines. Arch. d. Schweiz 6, 1983, 146-160.

J. Bürgi/R. Hoppe, Schleitheim-Juliomagus. Die römischen Thermen. Antiqua 13 (Basel 1985).

K. H. Burmeister, Die Erforschung der Römerzeit am Bodensee bei den Humanisten. In: K. H. Burmeister/E. Gmeiner (Hrsg.), Brigantium im Spiegel Roms. Forschungen zur Geschichte Vorarlbergs 8 (Dornbirn 1987) 150-159.

K. Christ/P. R. Franke, Die Fundmünzen der römischen Zeit in Deutschland. Abteilung II Baden-Württemberg 3. Südwest-Hohenzollern (Berlin 1964)

R. Degen, Gutshöfe und Denkmäler des Bau- und Wohnwesens. In: W. Drack (Hrsg.), Die Römer in der Schweiz. Repertorium der Ur- und Frühgeschichte der Schweiz 4 (Basel 1958) 13-19.

G. Dembski, Die Keltenmünzen des Bodenseegebiets unter besonderer Berücksichtigung Vorarlbergs. Jahrb. Vorarlb. Landesmus. Verein 1973, 107-125.

W. Dobras, Die römische Epoche des Bodenseeraumes im Spiegel lateinischer Quellen (Lindau 1978).

W. Drack, Die helvetische Terra Sigillata-Imitation des 1. Jahrhunderts n. Chr. Schriften d. Institutes f. Ur- u. Frühgeschichte d. Schweiz 2 (Basel 1945).

W. Drack, Der römische Gutshof bei Seeb, Gem. Winkel. Ausgrabungen 1958-1969. Ber. Zürcher Denkmalpflege. Archäologie Monogr.8 (Zürich 1990).

W. Drack/R. Fellmann, Die Römer in der Schweiz (Stuttgart/Jona 1988).

Chr. Ebnöther, Der römische Gutshof in Dietikon. Monographien der Kantonsarchäologie Zürich 25 (Zürich und Elgg 1995).

Ph. E. Egger, Zur Schichtung der Raum-, Orts- und Flurnamen am Obersee. Ein besiedlungsgeschichtlicher Beitrag zur Frage d.Kontinuität spätrömisch-romanische Besiedlung i. Ber. d. Kastells 'Arbor Felix' (Bodensee) (Basel 1985).

D. Ellmers, Die Schiffahrtsverbindungen des römischen Hafens von Bregenz (Brigantium). Archäologie i.Gebirgen. Festschr.Vonbank (Bregenz 1992) 143-146

E. Ettlinger, Die römischen Fibeln in der Schweiz. Handbuch der Schweiz zur Römer- und Merowingerzeit (Bern 1973).

E. Ettlinger, Kleine Schriften. Keramik. Rei Cretariae Romanae Fautorum. Acta Supplementa 2 (Augst/Kaiseraugst 1977).

O. Feger, Geschichte des Bodenseeraumes 1. Anfänge und frühe Grösse. Bodenseebibliothek 2 (Lindau 1956).

O. Feger, Das älteste Urbar des Bistums Konstanz, angelegt unter Bischof Heinrich von Klingenberg. Untersuchungen und Textausgabe. Oberrhein. Urbare 1 (Karlsruhe 1943).

Ph. Filtzinger/D. Planck/B. Cämmerer (Hrsg.), Die Römer in Baden-Württemberg (Stuttgart 1976).

F. Frei (Hrsg.), Historischer Atlas von Bayerisch-Schwaben (Augsburg 1982).

H. Frey, Der Bodenseeraum in römischer Zeit. Schweizer Industrie 1, 1994, 5-7.

J. Garbsch, Die Burgi von Meckatz und Untersaal und die valentinianische Grenzbefestigung zwischen Basel und Passau. BVbl 32, 1967, 51-82.

J. Garbsch/P. Kos, Das spätrömische Kastell Vemania bei Isny. Zwei Schatzfunde des frühen 4. Jahrhunderts. MBV 44 (München 1988).

P. Goessler, Die vor- und frühgeschichtlichen Altertümer des Oberamts Tettnang. In: Beschreibung des Oberamts Tettnang2 (Stuttgart 1914), 136-176.

P. Goessler/F. Hertlein/O. Paret, Die Römer in Würtemberg I-III (Stuttgart 1928-1932).

C. F. von Gok, Urkunden und Beiträge zur älteren Geschichte von Schwaben und Südfranken 1. Die römischen Heerstrassen der schwäbischen Alp und am Bodensee (Stuttgart 1846).

R. Gradmann, Die ländlichen Siedlungsformen Württembergs. Petermann's Mitteilungen 56, 1910, 183-186, 246-249.

I. Grüninger, Die Römerzeit im Kanton St. Gallen. Mitteilungen Schweiz. Ges. f. Ur- u.Frühgesch. 29, 1977, 13-20.

W. U. Guyan/J. E. Schneider/A. Zürcher (Hrsg.), Turicum - Vitudurum - Iuliomagus. Drei Vici in der Ostschweiz. Festschr. Otto Coninx (Zürich 1985).

R. Hänggi/ C. Doswald/K. Roth-Rubi, Die frühen römischen Kastelle und der Kastell-Vicus von Tenedo-Zurzach. Veröff. D. Ges. Pro Vindonissa (Brugg 1994).

M. Hartmann/H. Weber, Die Römer im Aargau (Aarau 1985).

J. - B. Haversath, Die Agrarlandschaft im römischen Deutschland der Kaiserzeit (1.- 4. Jh. n. Chr.). Passauer Schr. z. Geographie 2 (Passau 1984).

B. Hedinger, Zur römischen Epoche im Kanton Zürich. Berichte der Kantonsarchäologie Zürich 15, 1997-1998, 293-332.

K. Heiligmann-Batsch, Der römische Gutshof bei Büsslingen, Kr. Konstanz. Ein Beitrag zur Siedlungsgeschichte des Hegaus. Forschungen und Berichte zur Vor- und Frühgeschichte in Baden-Württemberg 65 (Stuttgart 1997).

L. Heiss, Maräz, Kälkäthare - ein Abenteuer der Flurnamenforschung. Württembergisches Jahrbuch für Volkskunde 1961/64, 249-253.

F. Hertlein/O. Paret/P. Goessler, Die Römer in Württemberg (Stuttgart 1928-32).

R. Heuberger, Die ältesten Quellenaussagen über die Bodenseegegend. Montfort 2, 1947, 140-157.

R. Heuberger, Der Bodenseeraum im Altertum. In: H. Büttner/O. Feger/B. Meyer (Hrsg.), Aus Verfassungs- und Landesgeschichte. Festschrift Th. Mayer zum 70. Geburtstage. Bd.2.Geschichtliche Landesforschung, Wirtschaftsgeschichte und Hilfswissenschaften (Lindau 1955) 7-21.

A. Hild, Spätrömischer Grenzburgus zu Hörbranz, Vorarlberg. Germania 16, 1932, 292-294.

A. Hochuli-Gysel/A. Siegfried-Weiss/E. Ruoff/V. Schaltenbrand, Chur in römischer Zeit 1. Ausgrabungen Areal Dosch. Antiqua 12 (Chur 1986).

G. Husslein, Prof. Dr. Dr. h.c. Konrad Miller zum Gedächtnis. Fundber. Baden-

Württemberg 19, 1994, 761-769.

V. Jauch, Eschenz - Tasgetium. Römische Abwasserkanäle und Latrinen. Archäologie im Thurgau 5 (Frauenfeld 1997).

F. Keller, Die römischen Ansiedelungen in der Ostschweiz I. Mitteilungen der Antiquarischen Gesellschaft Zürich 12, 7, 1860, 169-241.

K. Keller, Die römischen Ansiedelungen in der Ostschweiz II. Mitteilungen der Antiquarischen Gesellschaft Zürich 15, 3, 1864, 41-158.

K. Keller-Tarnuzzer/H. Reinerth, Urgeschichte des Thurgaus (Frauenfeld 1925).

H. - J. Keller, Ein spätrömischer Münzschatz von Bregenz-Lochau. Jahrb.

G. Kraft, Die Kultur der Bronzezeit in Süddeutschland (Augsburg 1926).

Th. Lachmann, Archäologische Funde im Bodenseegebiet. Schriften des Vereins z.Erforschung d. Geschichte d. Bodensees u.seiner Umgebung 30, 1901, 205-208.

L. Leiner, Museographie über das Jahr 1887. Constanz, Rosgarten-Museum. Westdeutsche Zeitschrift f. Geschichte u. Kunst 7, 1888, 283-284.

E. J. Leichtlen, Schwaben unter den Römern. Forsch.i.Gebiete d.Geschichts-, Alterthums-, Sprach- u. Schriftenkunde Dtschlnds 1.4 (Freiburg 1825).

Ley, Römische Niederlassung bei Bodman am Bodensee. Schriften d. Vereins für Geschichte d. Bodensees u. seiner Umgebung 5, 1874, 160-164.

H. Lieb, Der Bodenseeraum in frührömischer Zeit. Schriften des Vereins für Geschichte des Bodensees und seiner Umgebung 87, 1969, 143-150.

N. Lochner, Prähistorisches aus Lindau und Umgebung. Correspondenzblatt d. deutsch. Ges. f Anthropologie, Ethnologie u. Urgesch. 31, 1900, 6-8.

F. Lochner von Hüttenbach, Auffindung von Römerstrassen nördlich vom Bodensee und röm. Anlagen in Aeschach bei Lindau. Zeitschr. Schwaben 12, 1888, 44-47.

H. Löffler, Sprachliche Zeugen aus römischer Zeit am nördlichen Bodensee. Alemann. Jahrbuch 1971/72, 217-228.

H. Löffler, Stadt und Landkreis Lindau. Historisches Ortsnamenbuch von Bayern. Schwaben Bd 6 Stadt und Landkreis Lindau (München 1973).

M. Luik, Schatzfunde von Schomberg-Rembrechts, Kreis Ravensburg, und Wiggensbach, Kreis Oberallgäu. In: H.P.Kuhnen (Hrsg.), Gestürmt - Geräumt - Vergessen ? Der Limesfall und das Ende der Römerherrschaft in Südwestdeutschland (Stuttgart 1992) 83,89.

M. Martin, Das Fortleben der spätrömisch-romanischen Bevölkerung von Kaiseraugst und Umgebung im Frühmittelalter auf Grund der Orts- und Flurnamen. In: E. Schmid/L. Berger/P. Bürgin (Hrsg.), Provincialia. Festschrift R. Laur-Belart (Basel/Stuttgart 1968) 133-150.

G. Matter, Der römische Vicus von Kempraten. Jahrbuch der Schweizerischen Gesellschaft für Ur- und Frühgeschichte 82, 1999, 183-211.

H. Merten, Die figürlichen Bronzen im Rosgarten-Museum Konstanz. Fundberichte aus Baden-Württemberg 11, 1986, 269-284.

K. Miller, Altgermanische Ringburgen und römische Niederlassungen nördlich vom Bodensee. Schr. d.Ver. f. Gesch. d.Bod. u. sein. Umgeb. 11, 1882, 33-42.

K. Miller, Die römischen Begräbnisstätten in Württemberg. In: Programm des Königlichen Realgymnasiums Stuttgart (Stuttgart 1884) 35-42.

K. Miller, Das untere Argental. Schriften des Vereins für Geschichte des Bodenees u. seiner Umgebung 14, 1885, 80-101.

K. Miller, Das römische Strassennetz in Oberschwaben. Schriften des Vereins zur Erforschung d. Geschichte d. Bodensees u. seiner Umgebung 14, 1885, 102-128.

K. Miller, Reste aus römischer Zeit in Oberschwaben (Stuttgart 1889).

Dr. Moll, Über die Römerstrassen u. Römerbauten am Bodensee. Schriften d. Vereins f. Geschichte d. Bodensees u. seiner Umgebung 7, 1876, 5-19.

H. Müller, Pollenanalytische Untersuchungen eines Quartärprofils durch die spät-und nacheiszeitlichen Ablagerungen des Schleinsees (Südwestdeutschland). Geologisches Jahrbuch 79, 1962, 493-526.

Vorarlberger Museumsverein 1962, 1-2.

F. Klein, Die Besiedlung des unteren Schussen- und Argentales. Bronzezeit bis Merowingerzeit. In: W. Fix, J. Rinderer, G. Rodinger, K. Weber (Hrsg.), Langenargener Geschichten 4. Langenargen in alter Zeit (Tettnang1989) 14-22.

W. Kimmig, Vor-und Frühgeschichte des Bodenseeraums. Jahrb. Vorarlberger Museumsverein 1958/59, 185-206.

M. Knaut, Frühe Alamannen in Baden-Württemberg. In: D. Planck (Hrsg.), Archäologie in Württemberg (Stuttgart 1988) 311-331.

P. Kos, Sub principe Gallieno ... amissa Raetia ? Numismatische Quellen zum Datum 259/260 n. Chr. in Raetien. Germania 73, 1995, 131-144.

B. Overbeck, Eine spätrömische Zwiebelknopffiebel aus Lindau-Aeschach. BVbl 33, 1968, 127-130.

B. Overbeck, Geschichte des Alpenrheintals in römischer Zeit. Münchner Beitr. z. Vor- u. Frühgeschichte 20 (München 1982).

O. Paret, Württemberg in vor-und frühgeschichtlicher Zeit (Stuttgart 1921).

O. Paret, Der römische Schatzfund von Rembrechts. Fundberichte Schwaben. N.F. 8, 1933/35, 111-113.

U. Paret, Aus Friedrichshafen. Schriften des Vereins für Geschichte des Bodensees und seiner Umgebung 77, 1959, 136-149.

U. Paret/D. Planck, Friedrichshafen (Lkr. Tettnang). Fundber. aus Baden-Württemberg 2, 1975, 154.

U. Paret, Leben am See in römischer Zeit. Leben am See 4, 1986, 98-108.

A. Pasolini, Ritorno in un' antica citta (Roma 1978).

E. Paulus, Oberamt Tettnang. In: Das Königreich Württemberg. Eine Beschreibung von Land, Volk und Staat. (Stuttgart 1863), 947-950.

E. von Paulus, Die Alterthümer in Württemberg aus der römischen, altgermanischen (keltischen) und alemannischen (fränkischen) Zeit. [bes. Abdruck aus den Württembergischen Jahrbüchern]. (Stuttgart 1877).

D. von Raiser, Der Ober-Donau-Kreis des Königreichs Bayern unter den Römern. Ite Abtheilung (Augsburg 1830).

P. Revellio, Die Besetzung des Bodensee- und Oberrheingebietes durch die Römer (Konstanz und Hüfingen). Badische Fundber. 2, 1929/32, 340-353.

E. Riha, Die römischen Fibeln aus Augst und Kaiseraugst. Forschungen in Augst 3 (Augst 1979).

M. de Ring, Memoire sur les Etablissements Romans du Rhin et du Danube, principalement dans le sud-ouest de l'Allemagne. Tome II (Paris/Strasbourg 1853).

R. Roeren, Ein frühalamannischer Grabfund aus Oberschwaben. In: W. Kimmig/G. Smolla/S. Schieck (Hrsg.), Tübinger Beiträge zur Vor- und Frühgeschichte. Festschr. P. Goessler (Stuttgart 1954) 137-141.

K. Roth-Rubi, Die Villa von Stutheim/Hüttwilen TG. Ein Gutshof der mittleren Kaiserzeit. Antiqua 14 (Basel 1986).

K. Roth-Rubi/H. R. Sennhauser, Römische Strasse und Gräber. Verenamünster Zurzach. Ausgrabung und Bauuntersuchung. Veröffentlichungen des Instituts für Denkmalpflege an der Eidgen. Techn. Hochschule Zürich 6 (Zürich 1987).

J. Rychener, Der römische Gutshof in Neftenbach. Monographien der Kantonsarchäologie Zürich 31 (Zürich und Elgg 1999).

R. Schmid, Die Römer in Oberschwaben: Funde aus Oberschwaben (o.O. 1992).

R. Schmid, Berger Bodenschätze. Berg 1094-1994 (Berg 1994) 16-19.

W. Schmidle, Über das Alter des heutigen Oberseespiegels. Mitteilungen der Naturforschenden Gesellschaft Schaffhausen 20, 1945, 14-24.

G. Schneider, Aus der Vor-und Frühgeschichte. In: B. Wiedmann (Hrsg.), Der Bodenseekreis (Stuttgart und Aalen 1980).

A. Schneider, Burgen und Befestigungsanlagen des Mittelalters im Bodenseekreis. Fundber. Baden-Württemberg 14, 1989, 515-667.

C. Schucany/S. Martin-Kilcher/L. Berger/D. Paunier (Hrsg.), Römische

Keramik in der Schweiz. Veröffentlichungen der Schweizerischen Gesellschaft für Ur- und. Frühgeschichte (Basel 1999).

K. Schumacher, Zur ältesten Besiedlungsgeschichte des Bodensees u.sseiner Umgebung. Schr.d. Vereins f. Gesch. d. Bodensees u. s. Umgeb.29,1900,209-232.

K. v.Schwerzenbach, Ein Gräberfeld von Brigantium.Jahrb.Altkde.3,1909, 98-110.

K. von Schwerzenbach/J. Jakobs, Die römische Begräbnisstätte von Brigantium. Jahrb. Altkde. 4, 1910, 33-66.

C. S. Sommer, Die römischen Zivilsiedlungen in Südwestdeutschland. In: D. Planck (Hrsg.), Archäologie in Württemberg (Stuttgart 1988) 281-310.

F. Stähelin, Die Schweiz in römischer Zeit (Basel 1948).

H. Stather, Der römische Hegau. Hegau-Bibliothek 89 (Konstanz 1993).

H. Swozilek, Brigantium und Vorarlberg zur Römerzeit - kleine Bibliographie. Jahrb. Vorarlberger Museumsverein 1986, 53-58.

J. C. Tesdorpf, Die Entstehung der Kulturlandschaft am westlichen Bodensee. Veröff. d. Kom.f. gesch. Landeskde. i. Baden-Württ. 72. Reihe B (Stuttgart 1972).

H. Urner-Astholz, Die römerzeitliche Keramik von Eschenz-Tasgetium. Thurgauische Beiträge zur vaterländischen Geschichte 78, 1942, 7-156.

H. -P. Volpert, Die römische Villa in Aeschach. Neujahrsblatt des Museumsvereins Lindau 37 (Lindau 1997).

E. Vonbank, Arbor Felix. Zu den Ausgrabungen 1958-1962 in Arbon, Kanton Thurgau. Ur-Schweiz 28, 1964, 1-24.

E. Vonbank, Das Bodensee-Rheintal als ur- und frühgeschichtliche Weg- und Siedlungslandschaft. Helvetia Archäologica 34/36, 1978, 235-250.

E. Wagner, Fundstätten und Funde aus vorgeschichtlicher, römischer und alamannisch-fränkischer Zeit im Grossherzogtum Baden. Erster Theil. Das Badische Oberland (Tübingen 1908).

G. Wagner, Untersuchung an Sedimenten in Deltabereichen von Schussen und Argen (Heidelberg 1967).

N. Walke, Lindau-Aeschach. BVbl 27, 1962, 245-247.